게임의 반복학습을 통한 미세먼지 예방 인지도 향상에 대한 연구

게임의 반복학습을 통한 미세먼지 예방 인지도 향상에 대한 연구

基于重复学习理论的游戏对预防雾霾认知度提升效果研究

허설화 许雪花

역락

머리말

　매일 공기를 마시며 살아갑니다. 하지만 공기 중의 미세먼지 문제가 점점 심각해지고 있으며 특히 어린이들의 건강에 미치는 영향이 우려되고 있습니다. 어른들보다 더 약한 신체를 가진 어린이들은 환경 변화에 더욱 민감하게 반응하며 성장기에는 작은 영향도 장기적인 건강에 큰 차이를 만들 수 있습니다. 그렇다면 미세먼지는 어린이들에게 정확히 어떤 영향을 미칠까요? 그리고 우리는 이 문제를 해결하기 위해 어떤 노력을 기울여야 할까요.

　이 책은 미세먼지가 어린이 건강에 미치는 영향을 과학적이고 객관적인 시각에서 분석하고 이를 해결하기 위한 효과적인 교육 방법을 탐구합니다. 특히 어린이들은 단순히 정보를 듣고 배우는 것만으로 깊은 이해를 형성하기 어려우며 직접적인 경험을 통해 더 효과적으로 학습할 수 있습니다. 따라서 이 책에서는 게임을 통한 교육 방식을 활용하여 어린이들이 미세먼지 문제를 보다 실질적으로 이해하고 적극적인 대처 방법을 익힐 수 있도록 돕는 방안을 제시합니다.

　우리는 이 책을 통해 미세먼지 문제의 심각성을 다시 인식하고 어린이들에게 이를 효과적으로 교육하는 방법을 고민해 보려 합니다. 책의 주요 내용은 다음과 같습니다.

　미세먼지는 단순히 공기 중에 떠다니는 작은 먼지가 아닙니다. 산업화와 도시화가 가속화되면서 대기 오염이 심각해지고 있으며 이에 따라 미세먼지가 사람들의 건강에 끼치는 악영향이 더욱 커지고 있습니다. 특히 성장기 어린이들은 신체 장기가 완전히 발달하지 않았기 때문에 미세먼지로 인한 호흡기 질환, 면역력 저하, 집중력 감소 등의 영향을 더욱 쉽게 받을 수 있습니다.

　이 책에서는 미세먼지가 어린이들의 건강에 어떤 구체적인 영향을 미치는지를 과학적 근거를 바탕으로 설명하며 미세먼지로부터 아이들을 보호하기 위한 실천 방안을 제시합니다.

　단순히 미세먼지의 위험성을 알려주는 것만으로는 문제를 해결할 수 없습니다. 아이들이 스스로 문제를 인식하고 올바른 행동을 실천할 수 있도록 교육을 설계하는 것이 중요합니다.

　전통적인 강의식 교육은 정보 전달에는 효과적일 수 있지만 어린이가 이를 실제 생활에서 적용하기에는 한계가 있습니다. 따라서 애니메이션, 영상 등 홍보를 통해 미세먼지에 대한 위험성 및 예방성을 설명하기도 합니다. 또한, 디지털 기술을 활용한 교육 방법으로 게임을 이용하여 어린이들이 더욱 흥미롭게 학습할 수 있습니다.

　이 책에서는 어린이들이 미세먼지 문제를 보다 주체적으로 이해하고 행동할 수 있도록 돕는 게임을 통한 교육 방법을 탐구하며 실제 사례를 통해 효과적인 교육 모델을 제시합니다.

2025. 11

허설화

차례

머리말 5

1장 미세먼지 예방 교육이 왜 중요한가 • 11

1. 미세먼지란 무엇인가	13
2. 미세먼지는 어떻게 생성되는가	14
3. 미세먼지 현상과 기상 조건의 관계	20
4. 미세먼지가 생활 및 건강에 미치는 영향	24
1) 생활속 피해	24
2) 농업 피해	25
3) 건강 피해	26
4) 건강 피해 사례	29
5. 미세먼지로부터 우리 아이를 지키는 방법	31
6. 어린이 미세먼지 예방 교육	32
1) 사례1	32
2) 사례2	34

2장 어린이와 학습, 어떻게 접근해야 할까 • 35

1. 어린이는 어떤 방식으로 세상을 배울까	38
1) 인지란 무엇인가	38
2. 인지발달 단계에 따른 학습 방식	39
1) 어린이 인지 발달 네 단계	39
2) 어린이 학습에서 인지 발달의 중요성	41

	3. 환경이 어린이 교육에 미치는 영향	42
	4. 반복 학습이 왜 중요한가	42
	1) 기억과 망각곡선	43
	2) 반복 학습과 장기 기억	44
	3) 반복 학습의 효과	45
	5. 학습 몰입도	46

3장　게임으로 배우는 교육, 가능할까 · 51

1. 교육용 게임이란	54
2. 교육용 게임의 특징과 디자인 원리	56
1) 교육용 게임의 교육적 의미와 특성	56
2) 교육용 게임의 설계 요소	58
3. 게임이 학습 동기를 유발하는 방식	59
4. 게임이 교육에 미치는 효과	60
1) 게임이 학습에 도움이 될까	60
5. 게임 기반 학습의 장점과 사례	61
1) 게임 기반 학습	61
2) 게임기반 학습의 장단점 사례	63
3) 교육에 적용된 게임 사례	63
4) 미세먼지를 주제로 한 교육용 게임 사례 분석	66

4장　연구문제 제시 및 가설 설정 · 75

1. 연구 문제 제시 및 연구목적	77
1) 연구 문제 제시	77
2) 연구목적	78
2. 연구 가설 설정	78

5장   'WUMAI' 게임 개발 이야기 • 81

   1. 'WUMAI'는 어떤 게임인가   83
   2. 교육적 목표 설정하기   84
   3. 연구를 바탕으로 하는 게임 설계   84
      1) 실험용 게임 디자인   84
      2) 선행 사례를 통한 기획요소 추출   85
      3) 'WUMAI' 게임 디자인 초기 구상 및 플로우 차트   87
      4) 게임 유형 및 게임 개발 소프트웨어 탐구   88
      5) 실험용 게임 'WUMAI' 플로우 차트   90
      6) 실험용 게임 'WUMAI' 그래픽 디자인   92

6장   실험 결과와 분석 • 111

   1. 실험용 'WUMAI' 게임 데이터 도출방법   113
      1) 실험용 'WUMAI' 게임 플레이부분 데이터 도출   113
      2) 게임부분-저, 고학년 플레이어 비교분석   116
      3) 게임부분-저, 고학년 각 라운드 평균치 비교분석   117
      4) 설문조사부분- 문제1, 2 정, 오답 데이터 비교분석   120
      5) 설문조사- 문제3, 4, 5 정, 오답 비교분석   123
      6) 설문조사 문제1, 2의 3스테이지 비교분석   127
      7) 설문조사 문제3, 4, 5 1~3스테이지 비교분석   130

7장   우리가 나아가야 할 방향 • 135

   1. 연구 결과가 주는 시사점   137
   2. 앞으로 교육용 게임이 나아가야 할 길   139

부록

1. 게임플레이부분 테스트 결과도출 및 정리 / 143
2. 설문조사부분 문제1~2 결과도출 및 정리 / 147
3. 설문조사부분 문제3~5 결과도출 및 정리 / 152

참고문헌 157

1장

미세먼지 예방 교육이 왜 중요한가

1. 미세먼지란 무엇인가

미세먼지는 눈에 보이지 않을 정도로 매우 작은 입자상 먼지이다. 일반적으로 사람의 머리카락 굵기는 약 50~70μm 정도이지만 미세먼지는 이보다 훨씬 작아 육안으로 식별하기 어렵다. 미세먼지는 크기에 따라 PM10(지름 10μm 이하)과 PM2.5(지름 2.5μm 이하)로 구분된다. PM10은 일반적으로 '미세먼지'라고 불리며 PM2.5는 더 미세한 입자로 '초미세먼지'라고 한다.

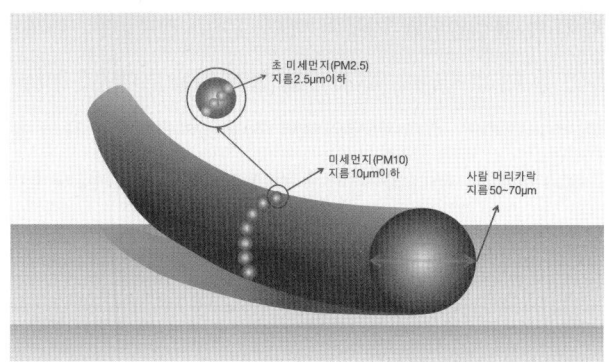

[그림1] 미세먼지의 크기

PM10은 모래먼지, 꽃가루 등이 포함되며 인체에 흡입될 경우 상기도와 기관지에 침착하여 건강에 영향을 미칠 수 있다. 반면, PM2.5는 연소 과정 등에서 발생하며 폐포 깊숙이 침투하거나 혈액 순환에까지 진입하여 인체 건강에 더욱 심각한 영향을 줄 수 있다.

미세먼지는 이동 거리와 성분에 따라 그 영향력이 다르다. 일반 미세먼지(PM10)는 먼지 부유물, 흙먼지, 곰팡이 포자, 식물 단편 및 여러 금속 산화물(metal oxides) 등을 포함하며, 발원지로부터 약 10km 정도 이동할 수 있다. 반면, 초미세먼지(PM2.5)는 황산염, 질산염, 암모늄, 수소이온, 방향족 탄화수소, 카드뮴, 구리, 아연 등의 유해 성분이 포함되어 있으며, 공기 중에서 최대 1,000km까지 이동할 수 있어 광범위한 영향을 미친다.[1]

2. 미세먼지는 어떻게 생성되는가

미세먼지의 생성은 자연적 원인과 인위적 요인으로 구분할 수 있다. 자연적 원인에는 화산 폭발, 황사, 산불, 해염 입자, 모래먼지, 꽃가루 등이 있으며 인위적 요인으로는 화석 연료의 연소, 자동차 배기가스, 산업 활동, 발전소 가동, 음식 유연 등이 있다.[2]

미세먼지 주요 형성원인은 자동차 매연, 공업, 건축현장, 쓰레기 소각, 농업, 주방 유연 등 여러 원인이 있다. 예를 들어 자동차 매연은 미세먼지(PM10) 및 초미세먼지(PM2.5)의 주요 발생원으로 작용하며 특히 유해성 물질을 포함하고 있어 공중보건에 중대한 영향을 미치는 것으로 알려져 있다. 경유를

---

1 Srimuruganandam, B. and Nagendra, S. 2012. Source characterization of PM10 and PM2.5 mass using a chemical massbalance model at urban roadside. Sci. Total Environ. 433, 8-19.
2 이창흡, "산업도시 창원의 초미세먼지(PM2.5)의 중금속 조성과 위해성 평가 연구." 국내박사학위논문 울산대학교 대학원, 2015, 울산.

연료로 사용하는 대형 차량(예: 대형 버스, 셔틀버스, 화물트럭 등)은 PM10을 상당량 배출하는 주요 오염원이며 디젤 차량은 PM2.5 생성에 기여하는 주요 인자로 확인된다. 한편, 가솔린 차량의 경우 질소산화물(NOx)과 같은 기체상 오염 물질을 배출하는데 이들은 대기 중에서 광화학 반응을 거쳐 2차 생성 미세먼지로 전환될 수 있으며 대기 중 미세먼지 농도 증가에 기여할 수 있다. 특히, 안개 발생 또는 고농도 대기 오염 조건에서는 이러한 전환 과정이 더욱 촉진되는 것으로 나타난다. 공업에서 배출되는 폐기는 야금, 난로와 보일러, 전기제조업 그리고 다량의 자동차용 도색, 건축자재는 난로에 연소하여 배출되는 폐기를 생산하게 된다. 건축현장에서 일어나는 먼지, 쓰레기 소각에는 생활폐기물에 염화나트륨(NaCl), 염화칼륨(KCl) 등 화학물질이 다량 포함돼 있는데 이들 폐기물의 유기물질이 염소를 함유한 상태에서 연소하면 다이옥신이 발생한다. 농업에서는 가을철에 농사가 끝난 후 밭에 불을 지르기도 한다. 이는 토양의 비력을 증가시키기 위해서이다. 연소된 잡초 및 농작물 속에는 매우 많은 미네랄과 탄소를 함유하고 있으며 다 탄 잡초는 재가 되어 토양에 남게 되면 다음 해의 농작물이 물질을 흡수하여 성장을 촉진할 수 있다. 하지만 잡초 연소는 연소 속도가 빠르기 때문에 단기간 CO_2 농도 증가에 더 민감하게 기여할 수 있다. 주방 유연과 음식점의 직화구이는 우리가 자주 겪고 있는 부분이다. 주방 유연의 주요 성분은 알데히드, 케톤, 탄화수소, 지방산, 알코올, 방향족화합물, 네이트, 헤테로이드 화합물 등이 있다. 냄비의 온도가 240℃를 초과하면 기름 성질이 질적으로 변하여 대량의 유해성 유연이 발생한다. 담배 연기에는 7000여 가지의 화합물들이 있으며 69종 발암 물질과 172종 유해물질이 있다. 담배는 피는 사람에게 피해를 주지만 간접흡연도 역시 흡연처럼 기간이 길수록 암 발생 위험이 늘어날 수 있어 심각한 해를 끼친다.

자연적 원인은 광물입자(황사 등), 소금입자(해염 등), 생물성 입자(꽃가루 등), 산불, 화산재 등 여러 원인이 있다. 황사의 구성은 이산화규소이며 자연계에 광범위하게 존재하며 다른 광물과 함께 암석을 이루고 있다. 해안가 지역에서는 바닷물이 증발되면서 미세한 해염 입자(염화나트륨 등)가 대기 중에 부유한다. 식물은 환경을 정화할 수 있지만 일부 식물이 만들어 내는 꽃가루는 치민성(Sensitization)을 가지고 있어 모든 알레르기 반응에서 가장 흔히 볼 수 있는 가장 중요한 종류이다. 산불은 대량의 이산화탄소와 수증기가 주성분이다. 이 두 가지 물질은 전체 연기 성분의 약 90~95%를 차지하고 일산화탄소, 탄화수소, 탄화물, 질소산화물, 미립자 물질도 5~10%를 차지한다. 수증기 이외의 다른 물질의 함량이 일정 한도를 초과할 경우 모두 공기 오염을 초래하여 인류의 신체 건강 및 야생 동물의 생존에 해를 끼칠 수 있다. 화산재에는 화산가스 중 수증기가 대부분을 차지하고 있으며 많은 경우 이산화탄소, 황화수소, 이산화황가스, 염화수소, 불화수소, 아르곤가스, 메탄, 일산화탄소가 있다. 화산재에는 상술한 주요 진분 외에도 고체 광물의 증기가 함유되어 있는데 그들은 지면에 도달한 후 항상 분화구 부근에 응결하여 유황 광산 등의 광물을 형성한다.

인위적 요인의 대표적인 사례로 18세기 1760년대 런던형 스모그이다. 주로 석탄 기반으로 한 산업화가 계속 성장하고 대기 오염에 규제가 없었기 때문에 대기 오염 문제가 심각해졌다. 당시 대형 기계의 주요 연료는 석탄이었으며 석탄 생산량도 급격히 증가했다. 통계에 따르면 영국의 석탄 생산량은 1800년에 1,000만 톤, 1856년에 6,000만 톤, 1913년에는 2억 8,700만 톤에 달했고 1950년에는 1억 9,400만 톤을 기록했다.[3]

석탄의 대량 연소로 인해 다량의 유해 가스가 배출되었으며 주요 오염

---

3 布雷恩, 威廉, & 克拉普. (2011). 工业革命以来的英国环境史. In: 北京: 中国环境科学出版社. 2011年版, 第 15 页.

물질로는 이산화규소, 일산화탄소 등이 있었다. 또한, 연소과정에서 발생한 대량의 먼지는 대기 오염을 심화시켰다.[4] 당시 기술이 낙후되어 석탄이 완전히 연소하지 못하면서 오염 문제가 더욱 악화되었다. 1879년부터 1880년 겨울 동안 11월부터 2월 사이에 약 6주 동안 짙은 안개가 계속 머물렀다. 그로 인해 사망자가 평소보다 두 배 증가했으며 천식 환자는 220%, 기관지염 환자는 331% 증가했다. 특히 1880년 1월, 런던에서는 매주 약 3,376명이 사망했는데 지난 10년간의 주간 평균 사망자의 두 배에 달하는 수치였다. 사망률도 1,000명당 24.6명에서 48.1명으로 급격히 상승하였다.[5] 희생자 중 상당수는 어린아이거나 노인이었으며 기존에 호흡기 또는 심혈관 질환을 가지고 있던 사람들이었다.[6]

[그림 5] 1952년 런던 경찰이 신호탄으로 교통 지휘(출처: 위키백과)

---

4   布雷恩, 威廉, & 克拉普. (2011). 工业革命以来的英国环境史. In: 北京: 中国环境科学出版社. 2011年版, 第 57 页.

5   Logan, W. (1956). Mortality from fog in London, January, 1956. British medical journal, 1(4969), 722.

6   "Death by smog: London's fatal four-day pea-souper: Interview with Dr Brian Commins". BBC News. Retrieved 2 April 2023.

1952년 12월 런던에서 발생한 '런던 그레이트 스모그'는 5일간 1만 명 이상이 사망하는 사상 최악의 대기 오염 사고였다. 1950년까지 100년간 10번 정도의 거대한 스모그가 있었지만 그중에 피해가 제일 큰 것은 1952년이었다.

1952년 런던 스모그 재해에 대응하여 제정된 1956년 영국의 공기 청정법(Clean Air Act, 1956)은 국내 및 산업 연기 배출을 규제하고 금연 구역을 설립하며 청정 연료에 대한 보조금을 제공함으로써 대기 오염을 통제하는 것을 목표로 했다. 이 법은 1952년 런던의 파괴적인 스모그에 대한 직접적인 대응으로 수천 명의 사망자가 발생하고 대기 오염의 심각성을 강조했습니다.

2013년 중국 동북부에서 미세먼지 날씨가 생성되었다. 중국어로 '우마이(雾霾) 현상'이라 부르며 우(雾)는 안개, 마이(霾)는 공기 속에 떠도는 입자 및 먼지이다. 겨울철 들어설 무렵 난방을 위해 석탄 사용량이 급증하면서 대량의 초미세먼지가 대기 중에 배출되었고, PM2.5 수치가 WHO 권고 기준의 40배를 초과하며 도시 전체가 오염된 안개에 뒤덮였다. 이로 인해 학교에선 휴교하고 시내 교통이 마비되었으며 호흡기 질환자가 급증하는 등 심각한 피해가 발생하였다.[7]

---

7   于晓英, & 李晶. (2014). 哈尔滨市环境空气污染特征变化趋势及雾霾突发原因研究. 环境科学与管理, 39(7), 50-53.

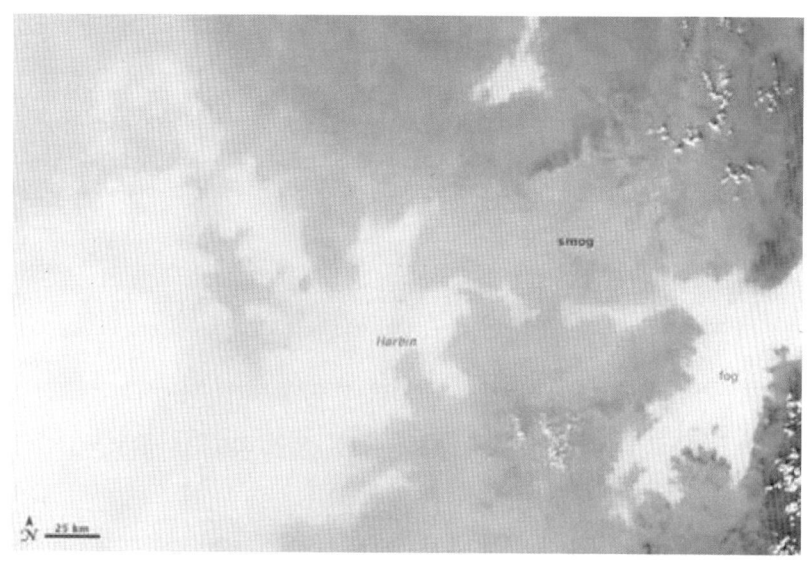

[그림 6] 2013년 중국 우마이(霧霾)에 뒤덮인 하얼빈 상공(출처: NASA)

지금까지 우리는 미세먼지가 형성되는 과정을 자연적 원인과 인위적 요인으로 나누어 살펴보았다. 바람에 의한 황사나 화산재 같은 자연 현상도 미세먼지를 유발하지만, 역사적으로 가장 파괴적인 미세먼지 사건들은 모두 인간의 활동과 깊이 연관되어 있음을 확인할 수 있었다. 1952년 런던을 뒤덮은 치명적인 스모그는 석탄 난방과 산업 활동으로 인한 대기 오염이 주된 원인이었으며, 이 사건으로 수천 명의 생명이 희생되는 충격적인 결과를 낳았다. 마찬가지로 2013년 중국 하얼빈에서 발생한 '우마이' 현상도 겨울철 석탄 난방 가동이 되면서 도시 전체를 마비시킨 대표적인 사례였다.

그러나 2013년 이후 전 지구적으로 미세먼지 문제가 점점 더 복잡해지고 있는 이유는 단순히 석탄 연소 때문만은 아니다. 현대 사회에서 미세먼지는 다양한 오염원이 중첩되면서 새로운 양상으로 나타나고 있다. 도시를 점령한 자동차 매연, 공장 굴뚝에서 끊임없이 배출되는 초미세먼지, 건설 현장과

도로에서 발생하는 비산먼지, 실내에서의 담배 연기와 생활용품에서 발생하는 휘발성 유기화합물까지, 미세먼지는 우리 생활의 모든 영역에 침투해 있다. 특히 최근에는 국가 간 대기 오염 물질의 이동으로 인해 미세먼지가 단순한 지역 문제를 넘어 지구적 차원의 환경 위기로 대두되고 있다.

3. 미세먼지 현상과 기상 조건의 관계

미세먼지가 일상적인 문제로 자리 잡으면서 이에 대한 대응 시스템도 점차 발전해 왔다. 그 대표적인 사례가 바로 대기질 지수(AQI) 시스템의 도입이라고 할 수 있다. 현재 우리는 스마트폰 기상 앱을 통해 실시간으로 대기 오염 상태를 손쉽게 확인할 수 있게 되었는데 이는 과거와 비교해 큰 진전이라 할 수 있다.

대기질 지수(AQI)는 대기 오염 정도를 직관적으로 알려주는 지표로, [그림 4]와 같이 '최적'부터 '위험'까지 6단계로 구분된다. 각 단계는 색상과 설명문으로 표시되어 있어 시민들이 쉽게 이해할 수 있으며, '매우 나쁨'(주황) 단계에서는 모든 인구에게 유해해 실외 활동을 줄여야 하고, '위험'(자주) 단계에서는 즉각적인 대피 조치가 필요하다. 이 지수는 미세먼지(PM2.5/PM10), 오존(O_3) 등 6대 오염물질을 종합해 산출하며, 국가별로 기준이 상이하다. 예를 들어 한국은 '나쁨' 수준에서도 초미세먼지 경보를 발령하는 반면, 미국은 더 높은 수치에서 경보를 내린다. [그림 4]의 표는 이러한 AQI의 핵심 정보를 압축적으로 보여주는데, 왼쪽 열에는 오염 정도, 오른쪽 열에는 건강 영향이 정리되어 있어 위험 단계에서의 대응 방법을 한눈에 파악할 수 있다. AQI는 이제 단순한 지표를 넘어 일상의 건강 결정을 내리는 필수 도구로 자리잡았다.

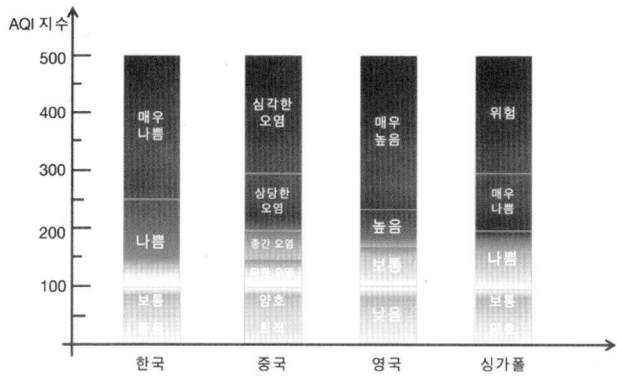

[그림 7] 각 나라의 AQI 표기 기준

국제적으로 살펴보면, 각국의 AQI 시스템은 그 나라의 환경정책과 산업구조를 반영해 독창적으로 발전해 왔다. 이러한 지표들은 고정식 관측소와 이동식 측정 장비, 위성 데이터 등을 종합하여 산출된다. 특히 역전층 현상이나 고기압 정체 같은 특수 기상 조건에서는 예보 정확도를 높이기 위해 수치 모델링 기술이 동원된다. [그림 4]에 제시된 것처럼, 각국의 AQI 기준치 차이는 해당 지역의 환경적 특수성과 정책 우선순위를 잘 보여주고 있다.

공기 속에는 항상 미세한 부유물이 존재하지만 고농도 미세먼지 현상이 나타나는 것은 특정 기상 조건의 영향을 크게 받는다. 미세먼지는 적당한 기후와 공기 중의 부유물질과 만났을 때 미세먼지 날씨를 이루어지는데 스모그라고도 부른다. 기상 현상에 따라 대기 중 미세먼지의 확산이나 축적이 달라지며 이는 대기 안정성, 기온 변화, 바람, 강수 등 다양한 요소에 영향을 받는다. 예를 들어, [그림 5]의 왼쪽에서 보여 지는 정상적인 상황에서는 지면에서부터 공기가 위로 상승하며 온도가 낮아져 대기 속의 미세먼지가 확산된다. 그러나 오른쪽의 상황에서는 가을과 겨울밤에 지면 근처의 대기가 급격히 냉각되면서 위쪽으로 올라갈수록 온도가 높아지는 기온역전 현상이 발생한다.

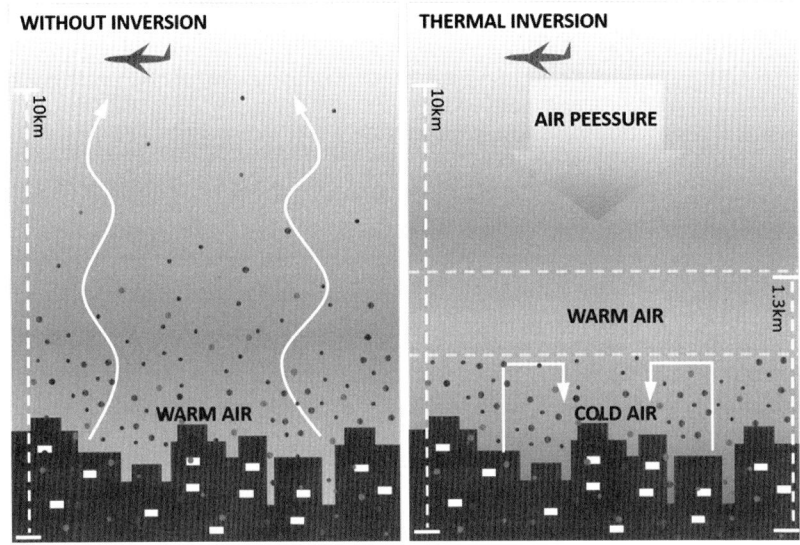

[그림 8] (좌)보통 상황 (우)비정상 상황-역전층
(출처: https://revistapesquisa.fapesp.br/wp-content/uploads/2012/08/011_Wiki_1983.jpg)

기온역전층(inversion layer)은 대기의 고도에 따라 온도가 반대로 변화하는 현상을 의미하며, 대기층화가 안정적인 상태를 유지한다. 이때 대기 중의 공기가 수직으로 이동하는 것을 방해하고 특히 지면 가까운 곳에서는 난기류가 억제된다. 기온역전은 일반적으로 대류권에서 특정 고도에서 발생하면 수직 운동을 방해하며 공기의 상하 이동을 제한한다. 그 결과 지면근처에 위치한 미세먼지와 같은 대기 오염 물질이 축적되고 농도가 증가할 수 있다.

기온역전은 일교차가 큰 가을과 겨울, 또는 산간 분지 지역에서 자주 발생한다. 이 현상의 주요 원인으로는 다음과 같은 종류가 있다.

복사역전: 강한 복사 냉각에 의해 밤에 형성되며 땅, 눈, 얼음, 구름 꼭대기 등에서 발생한다. 이는 공기층이 상층 공기보다 차가워지도록 만든다.

지형역전: 복사 냉각에 의해 저지대(골짜기, 분지)에서는 냉기가 경사면을 따라 내려가고, 저지대로 흘러 들어가면서 온도 반전을 형성한다.

평류역전: 따뜻한 공기가 차가운 지면 위로 평류하면서 지면과 가까운 공기층이 냉각되어 상층 공기보다 차가워지는 현상이다.

난류역전: 저층 공기에서 발생하는 난류 혼합에 의해 난류층 상단에 형성되는 역전층이다.

침하역전: 안정기층의 공기가 가라앉으면서 형성되는 역전층을 압축 역전층이라고도 한다.

정면역전: 상하의 냉온 공기 차이에 의해 발생하는 기온 역전이다.

이처럼 기온역전은 대기의 순환을 방해하여 미세먼지가 축적되는 주요 원인이 된다. 기온역전이 발생하면 공기의 상하 이동이 제한되므로 미세먼지와 같은 오염 물질이 지면에 머물러 농도가 증가한다. 특히 겨울철에는 난방 사용 증가로 인해 미세먼지가 더욱 농도가 높아지며, 봄철에는 황사와 결합하여 대기 오염을 더욱 심화시킬 수 있다.

기상 조건은 미세먼지 농도에 큰 영향을 미친다. 예를 들어 대기 정체 현상이 발생하면 공기의 순환이 원활하지 않아서 미세먼지가 축적된다. 반면, 강한 바람이나 강우가 있을 경우 미세먼지가 공기 중에서 흩어지거나 씻겨 내려가 농도가 낮아진다. 고기압이 형성되면 공기가 상승하지 못하고 정체되어 미세먼지 농도가 높아지는 경향이 있으며, 저기압이나 비가 내릴 때는 미세먼지가 씻겨 내려가 농도가 낮아진다.

이러한 기상 현상과 미세먼지의 관계는 단순한 환경 문제가 아니라 인간 건강과 직결되는 중요한 이슈이다. 미세먼지 농도를 줄이기 위한 정책과 개인의 예방 노력이 필요한 시점이다.

4. 미세먼지가 생활 및 건강에 미치는 영향

미세먼지를 소홀하지 말아야 하는 이유는 우리의 생활, 농업, 건강 등에 영향을 주고 있다. 미세먼지가 환경에 주는 피해는 아래와 같다.

1) 생활속 피해

① 실내 미세먼지 생성

실내 환경오염은 이미 사람들의 건강을 심각하게 위협하고 있으며 생활의 질에도 부정적인 영향을 미치고 있다.[8]

다양한 연구 결과에 따르면 실내 환경오염은 '빌딩증후군'(Sick Building Syndrome, SBS)을 유발할 수 있다고 보고되고 있다.[9] 주요 증상으로는 눈과 목의 자극, 코막힘, 두통, 어지럼증, 구역질, 가슴 답답함, 피로감, 피부 건조, 졸림, 신경 예민함 등이 있으며, 일반적으로 건물을 벗어난 후 일정 시간이 지나면 이러한 증상은 자연스럽게 완화되거나 사라진다.[10]

이러한 증상을 유발하는 주요 물질로는 포름알데히드, 라돈 및 그 자핵종, 휘발성유기화합물(VOCs), 오존, 일산화탄소, 이산화탄소, 질소산화물, 알레르기 유발물질, 곰팡이 및 미생물, 유기 염소화합물, 입자상 물질(PM) 등이 있다.

이들은 주로 건축자재, 생활용품, 페인트, 화장품, 연료 연소 및 먼지 등에

---

8 王喜元, 潘红, 熊伟, 等.民用建筑工程室内环境污染控制规范辅导教材[M]. 北京: 中国计划出版社, 2002.2.
9 Kostianinen R.Volatile organic compounds in the indoor air of normal and sick houses[J]. Atmos Environ, 1995, 29(6):693-702.
10 刘晓红, and 周定国. 室内环境污染的危害及其预防. Diss. 2003.

서 발생하는데 구체적으로는 우레아포름알데히드가 함유된 건축자재와 페인트, 가스 사용, 프린터 등에서 배출되며, 꽃가루, 동물의 털, 가축, 진드기, 가습기, 에어컨, 카펫, 담배 연기 등도 실내 미세먼지를 증가시키는 주요 원인으로 작용한다.

② 실외 미세먼지 생성

미세먼지로 인해 공기 질이 나빠질 뿐만 아니라 철도의 안전 수송에도 영향을 준다. 공기 중 대량의 오염 물질 입자가 함유되어 있고 입자에는 여러 가지 중금속 물질이 포함되어 있다. 주행 중인 전기 기관차에서 공중에 떠 있는 분진 알갱이가 지붕의 고압 기구에 축적되면 쉽게 '블링' 현상이 생겨 장비 고장을 초래하고 운행 안전과 철도 그리드에 악영향을 끼친다.

고속도로에서는 미세먼지 날씨 혹은 안개로 인해 가시거리가 낮아 운전 거리의 시각을 방해하고 착시현상을 일으키며 고속 일부 구간에서 안개가 끼는 경우가 많아 운전자의 판단과 관찰에 지장을 준다.

항공 운송에 영향을 주는 것은 미세먼지로 인해 가시거리를 낮기 때문이다. 미세먼지로 인해 전국 여러 공항의 항공기 이착륙이 직접적인 영향을 미쳤다. 항공기의 지연으로 대부분 고객의 화물이 제때에 목적지에 도착하지 못하고 수출입의 경제 환경에 간접적으로 영향을 주었다.[11]

2) 농업 피해

식물은 생명을 유지하기 위해 필요하는 에너지를 증가하여야 한다. 이에 광합성작용과 호흡작용을 통해 유기물질을 분해 또는 합성하여 정상적으로

11　陈晨, 赵紫英. 雾霾天气对交通运输影响的分析[J]. 科技视界, 2015(01): 206+263.

성장하는 동시 질병 저항을 높인다. 하지만 공기 중 PM2.5의 비중이 너무 커 흡착작용이 약해지고 식물의 광합성과 호흡작용도 영향을 받게 된다. 미세먼지로 인해 온실 내의 온도, 습도, 광선 등의 조건에 영향을 미치는데 이것은 식물이 성장하는 모든 과정을 관통하여 새싹 발육이 좋지 않게 되고 작물의 생산량이 낮고 품질이 떨어진다.[12]

작물의 새싹은 미세먼지에 인해 광합성 작용이 부족한 비교적 작으며 생명력이 강하지 않아 잎의 형체를 형성하기 어려워 정상적으로 성장 단계에 진입할 수 없다. 식물의 성장에도 공기 중에 미세먼지 입자가 많고 초미세먼지 비중이 높아 식물의 먼지 흡착력이 떨어지고 호흡도 막혀버린다. 성숙기의 작물이 오랜 시간 미세먼지 날씨에 노출되면 작물의 필요한 온도와 일조가 부족하여 과일과 채소의 크기, 윤기 등 품질이 떨어지게 된다.

3) 건강 피해

공기 중에 존재하는 미세먼지는 호흡기를 통해 쉽게 체내로 직접 들어갈 수 있어 미세먼지에 의해 유발되는 질환 중 가장 많은 연구가 진행되고 있는 것은 호흡기 질환이다. 미세먼지에 노출은 호흡이 짧아지고, 가슴통증 및 기침을 유발할 수 있으며[13] 심하게는 어린아이의 폐 발달을 저해할 수 있고 만성적인 폐 성장 및 기능 저해 현상을 유발 할 수 있는 것으로 알려져 있다.[14]

---

12   陈磊.雾霾天气对农业的影响及其应对策略研究——以安徽省为例[J]. 农业灾害研究, 2015, 5(10): 50-53+76.

13   Falcon-Rodriguez, C. I., De Vizcaya-Ruiz, A., Rosas-Pérez,I. A., Osornio-Vargas, Á. R. and Segura-Medina, P. 2017.Inhalation of concentrated PM2.5 from Mexico City acts asan adjuvant in a guinea pig model of allergic asthma.Environ. Pollut. 228, 474-483.

14   J. K. Choi, I. S. Choi, K. K. Cho, and S. H. Lee, "미세먼지의 질병에 미치는 유해성," 생명과학회지, vol. 30, no. 2, pp. 191-201, Feb. 2020.

미세먼지, 초미세먼지는 겉으로 눈과 피부 접할 수 있는 모든 부위에 질병을 일으킬 수 있다. 내부적으로 호흡기를 통해 각종 질병을 일으키는데 아래와 같다.

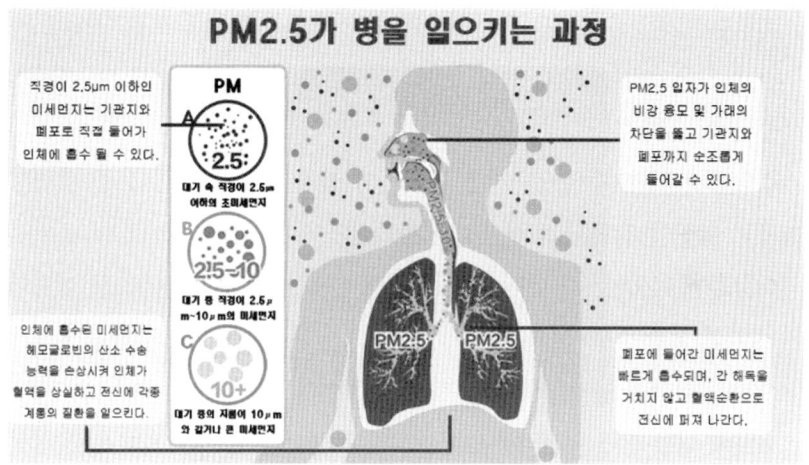

[그림 9] 초미세먼지가 질병을 일으키는 과정

호흡기 질환-미세먼지는 대기화학 알갱이 물질 수백 가지를 포함해 구성 성분이 복잡하다. 그 중 건강에 해로운 것은 주로 직경 10㎛ 이하인 에어로 졸 입자고 광물성 미세먼지, 바다소금, 황산염, 질산염, 유기 에어로졸 입자, 연료와 자동차 폐기 등이 인체 호흡기의 보호조직을 피해서 기관, 기관지, 폐포에 붙게 된다. 이물질은 기관지 점막에 자극을 줘서 기관 정막을 파괴하며 폐부 조직을 기능 저하, 기관정각의 해독 기능을 약화시킨다. 특이 아미립자는 각각 상 하천 호흡기와 폐포에 가라앉아 급성비염과 급성 기관지염 등을 일으킬 수 있다. 기관지 천식, 만성기관지염, 폐쇄성 폐기종, 만성 폐쇄성 질환 등 만성 호흡기 질환 환자에게 미세먼지는 급성 발작이나 급성 증상을 심화시킨다. 장기적으로는 폐암도 유발할 수 있다.[15]

심혈관계 질환-미세먼지는 공기 중에 오염물질이 많고 공기압이 낮아 심혈과질환의 급성 발작을 유발하기 수비다. 안개가 짙을 때 수증기 함량일 높아 야외활동과 운동을 하면 땀이 잘 배출되지 않아 가슴이 답답하고 혈압이 오를 수 있다.[16]

피부병-미세먼지는 모공을 통해 피부에도 자극을 주는데 주로 아토피, 피부염, 여드름, 피부노화(탄력감소, 피지감소), 주름, 색소침착, 탈모, 피부암 흑색종 등이 있다.[17]

전염병-미세먼지는 또 근지층 자외선의 감소를 초래해 공기 중 감염성 병균의 활성이 강화되고 전염병이 증가한다.

아동질병-미세먼지로 인한 날씨는 안개 낀 날처럼 일조량 감소로 어린이의 자외선 노출이 부족하여 체내에 비타민D가 부족하여 칼슘의 흡수가 크게 감소하며 심하면 유아 구루병이 생기고 어린이의 성장도 느려질 수 있다.

심리적 질환-흐린 미세먼지 날씨는 빛이 약하고 낮은 기암으로 인해 정신적인 나태, 정서적 저조, 비관적인 기분이 들기 쉽고 마음에 들지 않는 일에 부닥치면 심지어 통제력을 잃기 쉽다.

중독-PM2.5μm 초미세먼지에 대량의 독가스나 중금속 같은 것도 있는데 이런 물질들이 혈액에 스며들어 중독을 일으킨다.

이 외에도 고농도의 PM2.5μm의 오염은 태아의 발육에 영향을 미쳐 태아

---

15 Oberdorster, G. Oberdorster, E. JOberdorster,. Nanotoxicology: an emerging discipline evolving from studies of ultrafine particles, Environ. Health Perspect. 2005; 113:823–839.

16 Vierkotter, A. Schikowski, T. Ranft, Sugiri,U. Matsui, D.M. Kramer, U. et al., Airborneparticle exposure and extrinsic skin aging,J. Investig. Dermatol. 2010;130:2719–2726.

17 WonJoon Koh, Sundong Lee, and JeongHoon Ahn, "The Possibility of Managing Diseases Caused by Particulate Matter(PM10) with Chinese and Korean Medicines - Emphasis on Medical Prevention and Treatment -," 대한예방한의학회지, vol. 22, no. 1, pp. 69–80, Apr. 2018.

의 기형, 선천성 질환을 초래할 수 있다. 대표적으로 천식, 호흡기, 심혈과계 질환 등을 유발하고 세계보건기구는 미세먼지를 1군 발암물질로 지정하기도 했다.

미세먼지는 우리 눈에 보이지 않는 작은 입자로 공기 중을 떠다니며 호흡기를 통해 체내로 들어와 건강에 해로운 영향을 미친다. 특히 어린이들은 신체가 아직 성장 단계에 있어 미세먼지의 영향을 더욱 크게 받을 수밖에 없다.

4) 건강 피해 사례

세계보건기구(WHO)에 따르면 18세 이하 어린이의 93%가 초미세먼지(PM2.5) 수준이 WHO의 대기질 가이드라인을 초과하는 지역에서 생활하고 있으며, 5세 이하 아동의 경우 약 6억 3천만 명이 이에 해당한다. 특히, 저소득 및 중위소득 국가(LMIC)에서는 전체 5세 이하 아동의 98%가 높은 미세먼지 환경에 노출되고 있으며, 고소득 국가(HIC)에서도 5세 이하 아동의 52%가 이에 해당한다. 지역별로 살펴보면 아프리카 및 동지중해 지역에서는 전체 5세 이하 아동이 100% 미세먼지 위험에 노출되어 있으며 동남아시아 지역과 서태평양 지역에서도 각각 99%, 98%의 높은 비율을 보이고 있다.

[그림 7] 국가별 2016년 대기질 가이드라인(PM2.5)초과 지역에 사는
5세 이하 아동의 비율(출처: woh(세계보건기구))

    이러한 환경에서 생활하는 어린이들은 성인보다 더 많은 영향을 받을 수밖에 없다. 어린이는 체중 대비 호흡량이 많아 같은 공기를 들이마셔도 성인보다 더 많은 미세먼지를 흡입하게 된다. 또한, 폐와 면역 체계가 완전히 발달되지 않아 미세먼지 속 유해물질이 폐포 깊숙이 침투하여 다양한 건강 문제를 유발할 수 있다. 미세먼지가 어린이 건강에 미치는 영향은 다음과 같다.

    호흡기 질환 증가: 미세먼지는 천식, 기관지염, 폐렴 등의 호흡기 질환을 유발하거나 악화시킨다. 베이징의 한 연구에서는 미세먼지가 심각한 날 이후 병원을 방문하는 어린이 수가 급증하는 것으로 나타났으며, 호흡기 내과가 유명한 병원을 방문하는 택시 예약률도 증가한 것으로 보고되었다.

    면역력 저하: 미세먼지는 염증 반응을 일으켜 어린이의 면역 체계를 약화시키고 감염 위험을 높인다.

    신경 발달 저해: 일부 연구에 따르면, 미세먼지는 어린이의 인지 발달과 학습 능력에도 부정적인 영향을 미칠 수 있다. 공기 오염이 심한 지역에서

자란 어린이들은 집중력이 낮아지고 학업 성취도가 떨어지는 경향이 있다.

심혈관계 건강 문제: 미세먼지는 혈류를 따라 순환하면서 혈관을 손상시키고, 장기적으로는 심혈관계 질환의 위험을 증가시킨다.

미세먼지가 심각한 지역에서는 미세먼지로 인한 건강 피해뿐만 아니라, 실외 활동이 제한되면서 신체 활동 부족 문제도 발생할 수 있다. 특히, 성장기 어린이에게 신체 활동은 필수적인 요소인데, 미세먼지로 인해 운동 부족이 지속되면 비만, 근력 저하 등의 2차적인 건강 문제가 발생할 수 있다.

5. 미세먼지로부터 우리 아이를 지키는 방법

미세먼지 날씨에 최대한 불필요한 외출을 자제 하는 것이 자신을 보호할 수 있는 제일 좋은 방법이다. 야외 운동할 때 호흡을 평시보다 더 많이 하기 때문에 미세먼지를 더 많이 마실 수 있으며 땀을 흘리면 피부에 미세먼지들이 붙어 피부에 자극을 주기도 한다. 외출 시에는 마스크를 착용 하여야 먼지가 호흡기를 통해 몸에 들어가는 것을 효과적으로 방지할 수 있다. 외출 후 실내로 들어가면 세안, 양치, 콧속 청소를 하고 몸에 붙은 오염 잔여물을 제거해 PM2.5의 인체 피해를 막아야 한다. 미세먼지가 심한 날씨에는 가급적 환기를 자제해야 하며 환기를 하려면 아침, 저녁미세먼지가 제일 많이 끼는 시간을 피해서 환기를 30분 내외로 하는 것이 적당하다. 부엌은 항상 자연 환기를 유지해야 한다. 요리를 할 때 부엌의 연기가 다른 방으로 퍼지지 않게 문을 닫아줘야 하며 창문을 열어 고농도 유연이 부엌에 머물지 않게 하는 것이 좋다. 실내에는 먼지가 날리지 않게 자주 청소를 하며 공기청정기를 이용하여 공기를 한번 거르는 것이 좋다. 미세먼지로 인해 햇빛을 받지 못해 비타민 D를 보충하고 물을 많이 마셔줘야 한다. 담배는 피는 사람에게 피해를 주지만 간접흡연도 역시 흡연처럼 기심각한 해를 끼칠 수 있다. 담배는 지정된 담배구역에서 피거나 사람 많은 곳을 피하는 것이 좋다.

6. 어린이 미세먼지 예방 교육

최근 몇 년 동안 미세먼지라는 개념이 우리 삶에 점점 많이 등장하고 있다. 미세먼지 관련한 다양한 언론 보도가 대중과학 및 건강관리가 등장하고 있다. 미세먼지와는 긴 시간의 전쟁이므로 과학적이고 합리적이며 정확하게 예방하는 것이 좋다. 아래는 미세먼지에 대해 교내 외, 사회에서는 어떻게 지식을 전달하는지 사례를 찾아보았다.

1) 사례1

2017년 중앙미술대학교 디자인대학에서 <미세먼지-환경공평> 강의를 통해 문제를 탐구했다. '미세먼지와 어린이'를 주제로 도시별 어린이들이 미세먼지에 대한 인지도를 토론하고 미세머지 퇴치에 대한 사회 혁신적 시도를 하였다. 일단 어린이와 부모가 미세먼지 인지도의 차이점에 대해 알아보았다. 베이징(朝阳区花家地社区) 초등학교 인근에서 하교 길에서 학생을 데리러 온 부모님께 인터뷰를 해보았다.[18] 부모와 어린이의 면담 결과, 미세먼지에 대한 인식과 대응 방식에는 뚜렷한 차이가 나타났다. 부모 1은 언론 보도를 통해 뒤늦게 미세먼지의 존재를 알게 되었지만 일상생활에 큰 지장이 없다고 느껴 평소처럼 생활하고 있었다. 부모 2는 미세먼지 문제의 주요 원인을 외지 차량에서 찾으며 이를 제한해야 한다고 주장했다. 부모 3은 미세먼지 많은 날 자녀에게 마스크를 착용시켰으나 아이가 하교 시 마스크를 잃어버리

---

18 http://news.sina.com.cn/o/2018-01-16/doc-ifyqqciz7898784.shtml.

고 귀가 후 기침과 가래 증상을 보였다고 말했다. 병원에는 가지 않고 폐에 좋은 차를 끓여 마시며 자가 관리로 대처했고 미세먼지 날씨라 해도 생활을 중단할 수 없다고 덧붙였다. 반면 어린이 1은 미세먼지를 줄이기 위해 아버지에게 금연을 권유하고, 미세먼지 많은 날에는 자가용보다 대중교통 이용이 좋다고 인식하고 있었다. 어린이 2는 학교에서 미세먼지 발생 원인에 대해 배웠으며, 라디오를 통해 일반 마스크는 PM10 차단에는 효과가 있으나 PM2.5 예방용 마스크는 가격이 높고 구입이 어렵다는 점을 알고 있었다.

부모와 어린이를 비교했을 때 어린이들은 환경 보호에 적극적으로 참여할 수 있으며 높은 참여 의식을 지니고 있었다. 이에 우리는 부모가 기존의 고정된 생각에서 벗어나 독립적이고 주체적인 환경 인식을 형성할 필요가 있다고 보았다. 또한 자녀들이 자신의 의견을 통해 부모의 환경 의식을 변화시킬 수 있기를 기대하며 본 실험을 진행하였다.

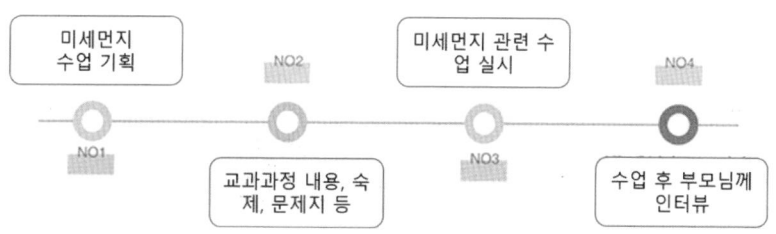

[그림 11] 실험-커리큘럼 디자인
(출처: http://news.sina.com.cn/o/2018-01-16/doc-ifyqqciz7898784.shtml)

부모와 어린이 면담을 바탕으로 미세먼지 실험 수업 커리큘럼을 설계하였다. 학교에서는 이전에 미세먼지 관련 수업이 없었고, 학생들은 주로 뉴스로 지식을 얻고 있었다. 매주 진행되는 학생 자율 회의 시간을 활용하여, 먼저 학생들에게 미세먼지 기초 지식을 교육하고, 학부모에게는 지도 방법을 안내한 뒤 숙제를 통해 학생과 부모가 함께 토론하도록 하였다. 이를 통해 어린이는 부모에게 지식을 전달하며 이해를 강화하고, 부모도 미세먼지 관련 정보를 습득할 수 있었다.

2) 사례2

중국(合肥市东元家园)초등학교에서 부모님께 드리는 편지를 통해서 미세먼지의 위험성을 알렸다.

<존경하는 학부모 여러분:
여러분 안녕하십니까? 가을 겨울로 접어들고 있습니다. 우리 학교는 날씨에 따라 미세먼지가 심해질 경우 야외활동과 수업을 모두 중단하고 학생들에게 미세먼지 예방 교육을 실시했습니다. 현재 미세먼지에 대한 지식과 주의사항을 아래와 같이 알려드리니, 각 학부모는 학교 아이들에 대한 교육과 예방에 협조해 주시기 바랍니다……>

편지에는 미세먼지의 정의, 위험성, 예방 방법 등이 상세히 안내되어 있었다.[19]

이 외에도 여러 사례가 있었으나 교육방식은 대체로 유사하였다. 교사의 설명을 통해 어린이들은 미세먼지의 위험성을 인식할 수 있으나, 여름철에는 미세먼지가 거의 없어 시간이 지나면 관련 지식을 잊기 쉽다. 따라서 어린이들이 다양한 교육 방식을 통해 지속적으로 미세먼지 관련 지식을 습득할 수 있도록 하는 것이 필요하다.

---

19 https://hfdyjyxx.com/html/tongzhigonggao/2020/0419/850.html-合肥市东元家园小学

2장

어린이와 학습, 어떻게 접근해야 할까

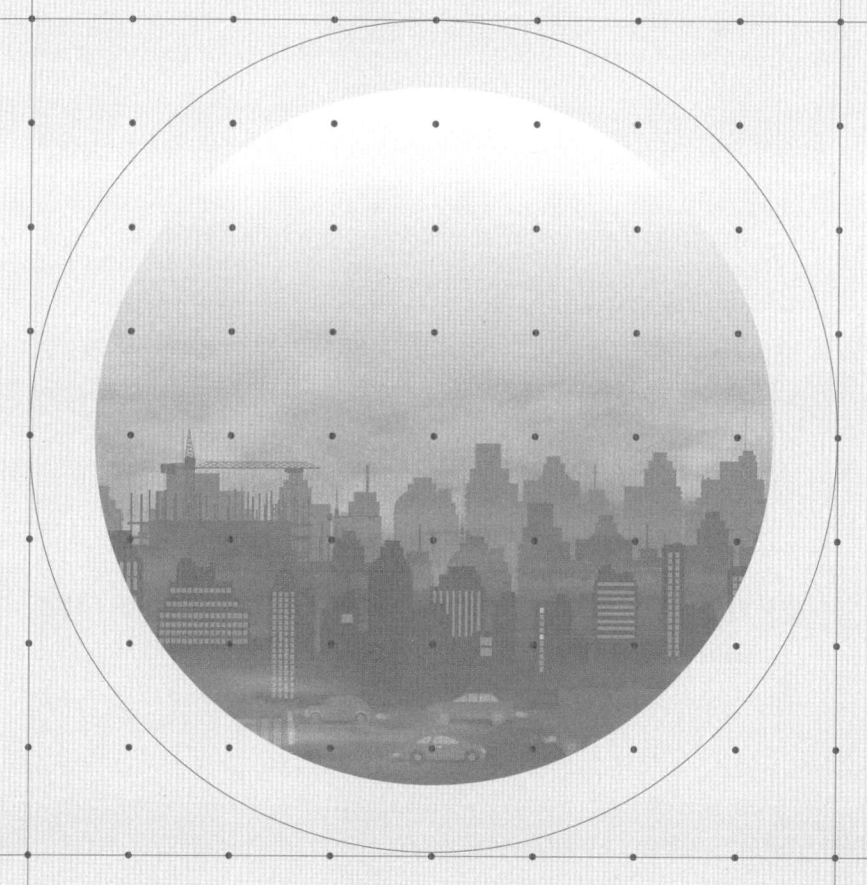

WHO에서는 어린이의 범위를 0세에서 만 19세로 정의하고, 영아 및 소아, 아동(1~9세), 청소년(10~19세)으로 구분하고 있다.[1] 한국의 경우 아동복지법 제3조 제1항에 의하면 어린이를 만 18세 미만의 사람으로 정의하고 대한소아과학회는 소아과학의 어린이 대상연령을 출생전기에서 신생아기(0~4주), 영아기(0~1세), 유아기(2~5세), 학령기(6~10세), 그리고 사춘기·청소년기(11~20세)로 구분하고 있다. 어린이는 출생 이후 지속적인 발달 과정을 거치면서 성장하므로 영유아, 아동기, 청소년기 모두를 포함하는 개념임을 알 수 있다. 중국 어린이 정의는 만1세 이하 영아기, 만1~6세는 유아, 만6~14세를 어린이라고 하며 만 18세 이하를 미성년자라고 법률에서 지정되어 있다. 본 연구에서는 초등학생 만6~13세 어린이를 대상으로 연구를 진행하고자 한다. 사례조사에서 의해 초등학생을 WHO기준으로 아동과 청소년이며, 한국과 중국 경우는 학령기와 사춘기로 되어 있다.

---

1   https://www.who.int/en/

1. 어린이는 어떤 방식으로 세상을 배울까

어린이는 주변 환경과의 상호작용을 통해 세상을 배우며 이를 통해 인지적, 감각적, 사회적 능력을 발달시킨다. 특히 놀이 활동은 학습의 중요한 수단이 되며, 이를 통해 아이들은 문제 해결 능력을 키우고 논리적인 사고방식을 익히게 된다. 게임 또한 놀이의 한 형태로서, 아이들에게 새로운 개념을 경험하게 하고 탐색할 기회를 제공한다. 디지털 게임은 단순한 오락을 넘어서 아이들이 실험하고 도전하며 성장할 수 있는 환경을 제공하며, 이를 통해 사고력과 창의력을 자극하는 중요한 도구로 작용할 수 있다.

1) 인지란 무엇인가

인지(Cognitive)란 정보를 획득하고, 저장하며, 활용하는 정신과정으로 지적인 과정이나 지각, 기억, 상상, 판단 추리를 포함하는 용어로써 지식을 습득하는 과정에서 인간에게 자극이 주어지고 반응이 산출되기까지의 어떠한 단계와 과정을 거치는지에 대한 것으로 정의된다.[2]

피아제(Piaget)는 아동의 성장과정 중에서 인지의 생성, 발달에 관심을 가진 발생적 인식론 자였다. 그는 인지활동을 지각한 환경에 대한 지적조직의 활동이며 환경에 대한 적응의 활동으로 보았다. 다시 말하면 인지는 경험을 해석하고 추론하고 추상하며 그것으로부터 논리적인 법칙을 찾아내고 문제를 해결하는 과정이라는 것이다.[3] 피아제(Piaget)는 인간의 인지 발달은 네

---

2   Kaufman, A.S., & Kaufman, N.L. (1983). Kaufman AssessmentBattery for Children. Circle Pines, MN: AmericanGuidance Service.
3   박현진, "피아제(Piaget) 이론의 음악교육적 조망." 국내석사학위논문 동아대학교 교육대학원, 1995, 부산.

단계를 통하여 질적으로 다른 이 단계들은 정해진 순서대로 진행되고 단계가 높아질수록 복잡성이 증가된다고 한다. 어린이의 인지발달 4단계는 아래와 같다.

2. 인지발달 단계에 따른 학습 방식

1) 어린이 인지 발달 네 단계

① 감각운동기(Sensorimotor Stage, 출생~2세)
이 시기의 유아는 감각과 운동을 통해 외부 환경을 탐색하며 학습한다. 신생아는 반사적인 움직임을 보이지만, 경험을 통해 행동을 조절하고 목표 지향적인 행동을 하게 된다. 중요한 특징 중 하나는 대상 영속성(Object Permanence)의 발달로 시야에서 사라진 대상도 존재함을 이해하게 된다. 또한 모방, 기억, 상징적 사고가 발달하며 의도적인 행동이 증가하는 시기이기도 하다.

② 전조작기(Preoperational Stage, 2~7세)
이 시기의 어린이는 언어를 습득하면서 사고 능력이 급격히 발달한다. 하지만 논리적인 조작이 가능하지 않으며, 직관적인 사고와 자기중심적 사고가 두드러진다. 주요 특징은 다음과 같다.
상징적 사고(Symbolic Thinking): 사물을 직접 경험하지 않아도 언어나 그림 등을 통해 표현할 수 있다.
자기중심적 사고(Egocentrism): 다른 사람의 관점을 이해하기 어려우며, 모든 것을 자기 기준에서 판단한다.
직관적 사고(Intuitive Thinking): 논리적인 사고보다는 눈에 보이는 특징에 의존하여 판단하는 경향이 있다. 예를 들어, 더 넓은 용기에 담긴 물이 더 많다고 생각하는 것이 이에 해당한다.

물활론적 사고(Animism): 모든 사물에 생명이 있다고 믿는 경향이 있다.

인공론적 사고(Artificialism): 자연현상도 사람이 만든 것이라고 생각하는 경향이 있다.

③ 구체적 조작기(Concrete Operational Stage, 7~11세)

이 단계에 이르면 어린이는 보다 논리적이고 체계적인 사고가 가능해진다. 하지만 여전히 구체적인 사물이나 경험을 바탕으로 사고하며, 추상적인 개념을 이해하는 데에는 어려움을 겪습니다. 주요 특징은 다음과 같다.

보존 개념(Conservation): 물리적인 형태가 변해도 본질적인 속성이 변하지 않는다는 것을 이해하게 된다. 예를 들어, 같은 양의 물을 높이가 다른 컵에 옮겨 담아도 물의 양이 같다는 것을 알게 된다.

유목화(Classification): 사물을 공통된 속성에 따라 분류할 수 있다. 예를 들어, 쇠구슬과 유리구슬을 같은 구슬로 분류하면서도, 각 구슬의 특성을 구별할 수 있다.

서열화(Seriation): 사물이나 개념을 크기, 무게, 길이 등의 기준에 따라 순서대로 배열할 수 있다.

관계 이해(Relational Understanding): 사물 간의 인과관계를 보다 명확하게 이해할 수 있다.

④ 형식적 조작기(Formal Operational Stage, 11세 이후)

이 단계에서는 추상적인 개념과 가설적 사고가 가능해지며, 논리적 사고 능력이 한층 더 발전한다. 어린이는 현실에 직접 부딪히지 않아도 다양한 가능성을 고려하며 문제를 해결할 수 있다. 주요 특징은 다음과 같다.

가설적 사고(Hypothetical Thinking): 주어진 정보를 바탕으로 가설을 세우고 이를 논리적으로 검증할 수 있다.

추상적 사고(Abstract Thinking): 구체적인 경험이 없어도 개념을 이해하고 적용할 수 있다.

과학적 사고(Scientific Reasoning): 체계적인 실험을 통해 원인과 결과를 분석하는 능력이 발달한다.

연역적 사고(Deductive Reasoning): 일반적인 법칙을 구체적인 사례에 적용하여 논리적으로 결론을 도출할 수 있다.

[표 1] 피아제의 어린이 인지발달 4가지

단계	연령범위	특징
감각운동기	0-2세	영·유아는 오감의 발달을 시작하며 직접 움직여 작동시켜보기도 하고, 분해도 해보며, 스스로가 주인공이 되어 연기를 하기도 한다.
전조작기	2-7세	여러 가지 말을 학습하게 되고 이야기도 잘 하게 되며, 지치지 않는 에너지를 가진 시기이다.
구체적 조작기	7-11세	논리적으로 문제해결이 가능하게 된다. 구체적 조작기 시기의 어린이는 전조작기의 사고보다 모든 면에서 높은 수준의 지적 활동을 획득한다.
형식적 조작기	11-16세	연령별, 신체적, 심리적, 인지적 발달에는 개인적인 차이가 있으나 가장 많은 것을 습득하고 학습하는 시기이다.

2) 어린이 학습에서 인지 발달의 중요성

인지 발달 단계에 따라 어린이의 학습 방식이 달라지며, 각 시기에 맞는 적절한 교육 방법이 필요하다. 예를 들어, 감각운동기에 있는 유아에게는 촉각이나 시각적 자극을 활용한 놀이가 효과적이며, 전조작기 아이들에게는 이야기를 들려주거나 역할 놀이를 통해 상상력을 자극하는 것이 중요하다. 구체적 조작기 단계에서는 논리적 사고를 발전시킬 수 있도록 실험 활동이나 토론을 활용할 수 있으며, 형식적 조작기에 접어든 청소년에게는 보다 심화된 개념 학습과 문제 해결 훈련이 필요하다.

3. 환경이 어린이 교육에 미치는 영향

어린이의 학습 환경은 인지 발달과 정서적 성장에 중요한 영향을 미친다. 부모와 교육자의 역할뿐만 아니라, 놀이 공간, 교육 도구, 디지털 기기의 사용 여부 등도 학습 과정에 영향을 미치는 요인들이다. 예를 들어, 긍정적인 피드백과 충분한 탐색 기회가 제공되는 환경에서는 아이들이 보다 적극적으로 학습하고, 스스로 문제를 해결하려는 태도를 가질 가능성이 높아진다. 또한, 디지털 게임이 적절하게 활용될 경우, 게임 속에서 경험하는 다양한 과제가 아이들의 창의성과 문제 해결력을 키우는 데 기여할 수 있다. 따라서 교육적 환경을 조성할 때는 아이들의 발달 단계와 학습 동기를 고려하여 균형 잡힌 접근이 필요하다.

4. 반복 학습이 왜 중요한가

아이들은 반복적인 경험을 통해 개념을 체득하고 학습 내용을 장기 기억으로 정착시킨다. 반복 학습은 새로운 정보를 안정적으로 저장하는 데 필수적이며, 게임에서도 이러한 학습 방식이 자연스럽게 이루어진다. 예를 들어, 퍼즐 게임이나 전략 게임을 반복해서 플레이하면 아이들은 점차 문제 해결 전략을 터득하고 보다 효율적인 방법을 찾아내게 된다. 또한, 반복적인 연습을 통해 집중력과 인내심이 향상될 수 있으며 이를 통해 자기 주도적 학습 태도를 기를 수도 있다. 단순한 암기보다는 의미 있는 맥락 속에서의 반복 경험이 중요하며 이를 위해 교육적인 게임이 효과적인 도구가 될 수 있다.

1) 기억과 망각곡선

헤르만 에빙하우스(Hermann Ebbinghaus)는 기억 실험 연구를 개척한 독일의 심리학자로 망각곡선과 간격 효과를 발견하였다. 그의 연구에 따르면 인간의 기억은 시간의 제곱에 반비례하여 감소하며, 암기 후 24시간이 지나면 약 30%만 남는다. 따라서 학생들이 단순 암기만으로는 장기적인 학습 효과를 얻기 어렵고 반복 학습이 필수적임을 보여주었다.[4]

학습에서 중요한 것은 단기기억이 아니라 장기기억이다. 단기기억이 장기기억으로 전환되려면 반복이 필요하며 이 과정에서 '해마'가 중요한 역할을 한다. 해마는 정보를 장기기억으로 전달하는 대문과 같은 기능을 하며, 동시에 기억을 잠시 보관하는 임시 창고 역할도 수행한다. 그러나 해마가 정보를 보관하는 기간은 한 달을 넘지 않기 때문에, 반드시 기억해야 할 정보는 지속적인 자극을 통해 장기기억으로 옮겨야 한다. 이러한 자극은 해마에 있는 정보를 장기기억 창고로 전환하라는 신호와 같다.[5]

---

[4] 정명진, "문장 암기를 통한 영어 능력 향상 방안 연구." 국내석사학위논문 공주대학교 교육대학원, 2004, 충청남도.

[5] 김소연, "반복학습의 기간차이가 학업성취도와 수학학습태도에 미치는 영향." 국내석사학위논문 국민대학교 교육대학원, 2010, 서울.

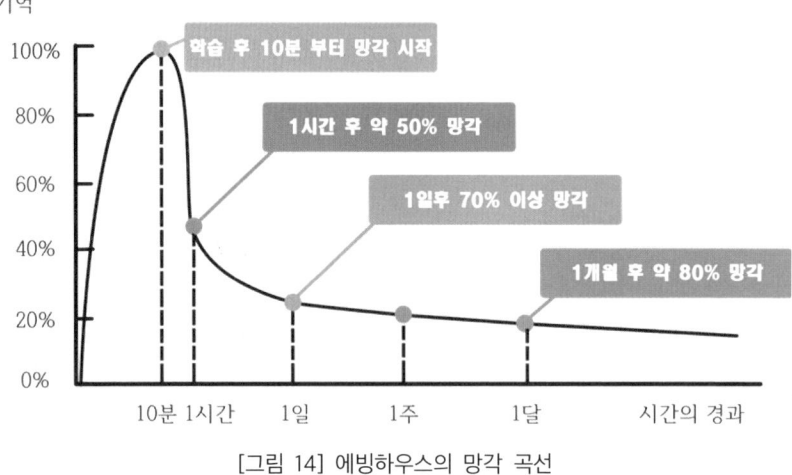

[그림 14] 에빙하우스의 망각 곡선

에빙하우스의 유명한 실험은 해마와 기억의 관계를 잘 보여준다. 그는 인류 기억 연구의 선구자로 1885년에 중요한 논문을 발표하며 인간의 기억을 체계적으로 실험한 최초의 학자이다. 에빙하우스는 의미 없는 철자 나열 2천여 개를 만들어 자신을 대상으로 반복 실험을 수행했다. 연구 결과, 인간의 기억은 시간의 제곱에 반비례하여 감소하며, 기억량은 시간이 지남에 따라 급격히 줄어드는 것이 일반적임을 확인했다. 그의 주장에 따르면 학습 후 10분 만에 망각이 시작되며, 1시간 뒤에는 약 50%, 하루 뒤에는 약 70%를 잊게 된다.

2) 반복 학습과 장기 기억

기억을 오래 유지하는 가장 효과적인 방법은 반복 학습이다. 인간의 기억은 단기 기억과 장기 기억으로 나뉘는데, 학습한 정보가 장기 기억으로 저장되기 위해서는 일정한 간격을 두고 반복적인 자극을 주어야 한다.

우리의 뇌에서 해마(hippocampus)는 기억을 일시적으로 저장하는 역할을 하며, 중요한 정보는 장기 기억으로 전환된다. 하지만 해마는 정보를 최대한 달 정도만 보관할 수 있기 때문에, 그 기간 동안 지속적인 복습이 없다면 정보는 사라지고 만다. 따라서, 장기 기억으로 남기려면 다음과 같은 주기로 복습하는 것이 효과적이다.

3) 반복 학습의 효과

기억의 한계를 극복하고 장기기억을 강화하기 위해서는 반복학습이 가장 효과적이다. 중요한 것은 반복학습의 실시 시기와 주기이다. 에빙하우스의 연구에 따르면, 최초 학습 후 10분 뒤에 복습하면 하루 동안 기억이 유지되고, 1일 후 반복학습하면 1주일간, 1주일 후 반복하면 1개월간, 1개월 후 반복하면 6개월 이상 장기기억으로 저장될 수 있다. 따라서 장기기억을 위해서는 최초 학습 후 10분, 1일, 1주일, 1개월 후 순으로 복습하는 것이 필요하다.

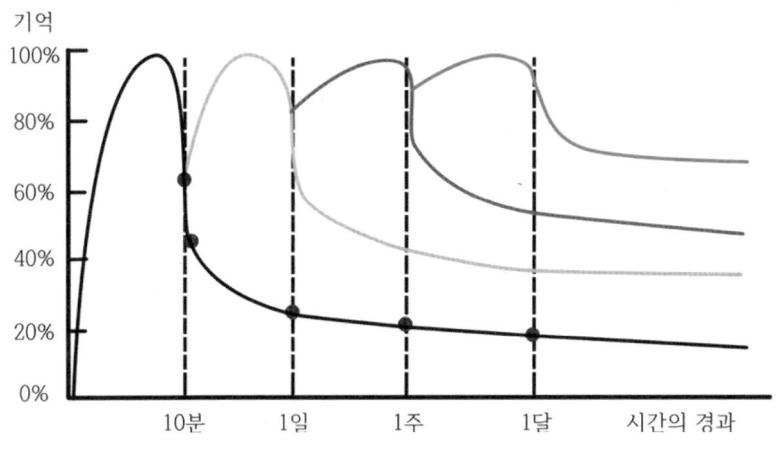

[그림 15] 에빙하우스의 망각 곡선-반복학습

반복학습을 통한 기억 강화의 원리는 연습 초기 단계에서는 망각이 심하지만 반복과 연습량이 증가할수록 망각 정도가 줄어드는 데 있다. 즉, 연습 시간이 짧으면 빠르게 잊어버리지만, 연습 시간이 충분하면 기억이 오래 유지된다. 연구 결과, 한 번 반복학습한 집단보다 네 번 반복학습한 집단이 문제 해결력에서 유의미하게 높은 성과를 보였다. 이는 같은 유형의 문제를 꾸준히 반복 학습하는 집중적 학습이 학습자의 문제 해결력 향상에 효과적임을 보여준다.[6]

5. 학습 몰입도

어린이가 학습에 몰입하는 순간은 그들이 도전적인 목표를 설정하고 이를 성취하는 과정에서 보람을 느낄 때 발생한다. 게임에서는 이러한 몰입 상태를 유도하기 위해 점진적인 난이도 조절, 즉각적인 피드백, 보상 시스템 등을 활용한다. 아이들이 자신의 능력을 조금씩 확장할 수 있도록 설계된 게임은 자연스럽게 몰입도를 높이며 이는 실제 학습 환경에서도 적용할 수 있는 중요한 요소이다. 예를 들어, 문제를 해결했을 때의 성취감을 느낄 수 있도록 구성된 교육 프로그램이나, 협업을 통해 공동 목표를 달성하는 활동은 아이들의 학습 동기를 강화하는 데 도움을 줄 수 있다. 아이들이 학습을 즐길 수 있는 환경을 조성하는 것이 장기적인 인지 발달에 긍정적인 영향을 미칠 것이다.

몰입(flow)이란 자신이 경험하고 있는 것에 대하여 즐거움과 행복감을 맛보고 있는 상태로서, 현재의 경험을 최적의 경험(optimal experience)으로 느끼

---

[6] 권오현, "유형에 따른 반복학습 지도법이 수학 문제 해결력에 미치는 영향 연구." 국내석사 학위논문 국민대학교 교육대학원, 2006, 서울.

는 상태이다. 초기 몰입이론은 "도전(challenge)과 기교(skill)가 몰입에 영향을 주는 요인이다. 미국 심리학자 미하이 칙센트미하이(Mihaly Csikszentmihalyi)는 플로우 이론(Flow Theory)에서 일단 몰입을 경험하면 그 상태를 유지하고 싶어 하게 된다고 말한다. 즉 몰입 자체가 흥미롭고 즐거우므로 외부적인 보상이 없어도 행동을 지속할 수 있어, 활동자체에 몰두하다 보면 모든 것이 자연스럽게 흐르는 뜻한 느낌이 들게 되는 심리 상태라고 할 수 있다.[7] 그는 어떤 사람이 그들의 일을 할 때 거의 모든 일에 몰두하는 것을 최초로 관찰하고, 시간을 잊고 주위 환경에 대한 감각을 자주 잊어버린다. 또 이들이 일하는 재미는 활동의 과정이지 외부로 인한 복수는 아니다. 그는 몰입을 개인의 정신력을 어떤 활동에 완전히 베팅하는 느낌, 몰입이 만들어질 때 높은 흥분감과 충만감을 동시에 갖는 등 바른 정서로 정의했다. 상호작용 디자인이나 사용자 경험을 보면 이런 몰입의 상태를 '최고의 체험'이라고도 한다. 그림 13과 같이 도전이 너무 높으면 사용자는 환경에 대한 통제력이 부족해 초조하거나 좌절감을 느끼게 되고, 도전이 너무 낮으면 사용자가 지루해 흥미를 잃게 된다. 따라서 도전과 스킬이 하나의 균형을 이루어져야 사용자가 몰입 상태를 경험할 수 있다. 모형에서도 도전과 스킬의 균형점이 동적으로 존재하며 사용자의 기능 변화에 따라 변화하는 것으로 볼 수 있다.

---

[7] 김수인(Kim Soo-in), and 김효정(Kim Hyo-jung), "게임기반학습에 기초한 디자인 수업이 중학교 1학년의 학습 몰입도에 미치는 영향 - 마인크래프트 활용을 중심으로 -." 미술교육연구논총 64.- (2021): 37-71.

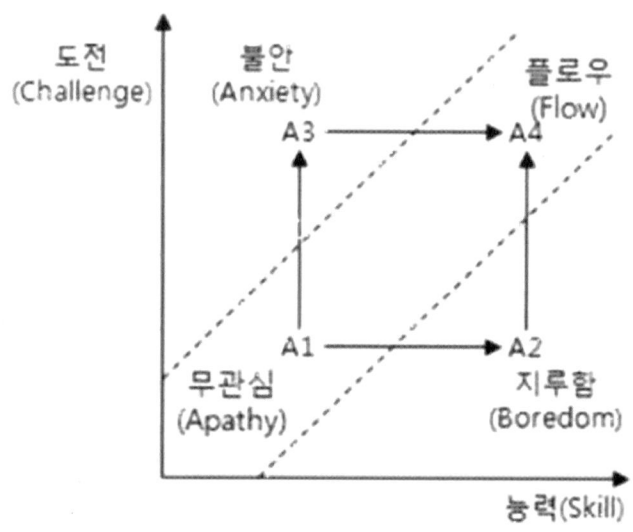

[그림 16] 미하이 첵센미드하이- 플로우 4채널 모델

무관심: 도전과제 난이도 낮고 능력도 낮음.

지루함(도전<기술): 뛰어난 수행 기술이 있더라도 도전감이 없다면 우리는 쉽게 지루함을 느낄 것이다.

불안(도전>기술): 과제에 대한 도전감이 뛰어나더라도 과제를 수행할 수 있는 기초적인 능력이 부족하다면 우리는 쉽게 초조감, 불안감을 느낄 것이다.

몰입(도전=기술): 우리는 과제에 대한 수행 능력인 기술(skill)이 뛰어나고 과제에 대한 도전감(challenge)도 강할 때 플로우를 경험한다.

몰입 상태에서 나타나는 특징은 도전과 능력의 조화, 행위와 의식의 통합, 명확한 목표, 구체적인 피드백, 통제감, 과제에 대한 집중, 자의식의 상실, 시간감각의 왜곡, 자기목적 경험 등 9가지 요소로 설명할 수 있다.

게임에서 몰입은 긍정적 측면과 부정적 측면으로 나누어 볼 수 있다. 부정적 측면에서는 몰입이 중독과 관련된 요소로 작용하며, 중독 정도를 평가할 때 몰입 개념이 활용된다. 예를 들어, 유은진(2008)은 온라인 게임 학습 환경에서 몰입을 학업 성취도와 연계하여 연구하였으며, 이주식(2003)은 컴퓨터 게임 몰입을 내성, 의존성, 금단성 등 "중독" 증상의 특징과 게임 집중 선호도로 정의하였다.

반면 몰입은 긍정적인 효과를 가져올 수도 있다. 즉, 몰입은 수용자의 동기와 의지에 따라 가치중립적이거나 가치 지향적인 개념으로 작용하며, 적절히 활용될 경우 학습이나 경험의 질을 높이는 긍정적 결과를 가져올 수 있다.

김수인 연구자(게임기반 학습에 기초한 디자인 수업이 중학교 1학년의 학습 몰입도에 미치는 영향)에 따르면, 몰입 상태는 도전과 능력의 조화, 행위와 의식의 통합, 명확한 목표, 구체적인 피드백, 과제에 대한 집중, 통제감, 자의식의 상실, 시간감각의 왜곡, 자기목적적 경험 등 9가지 요소로 설명할 수 있다. 구체적으로, 개인의 지각된 도전감이 자신의 능력과 일치할 때 몰입이 발생하며, 행동과 의식이 거의 자동적으로 이루어지고, 명확한 목표와 신속한 피드백을 통해 수행에 집중할 수 있다. 몰입 상태에서는 잡념이나 불필요한 정보가 개입하지 않고 과제에 몰두하며, 자신이 상황을 통제할 수 있다는 느낌을 가지게 된다. 또한 활동에 완전히 몰두하여 자의식은 사라지고, 시간 감각은 왜곡되며, 행위 자체에서 내적 만족을 얻어 외부 보상 없이도 경험이 가치 있게 느껴진다.[8]

---

8   김수인, "게임기반학습에 기초한 디자인 수업이 중학교 1학년의 학습 몰입도에 미치는 영향." 국내석사학위논문 이화여자대학교 교육대학원, 2021, 서울.

3장

게임으로 배우는 교육, 가능할까

현대 사회에서 게임은 종종 중독성과 과몰입으로 인해 부정적인 시선을 받는다. 학업에 집중하지 못하게 만들거나, 일상생활의 균형을 무너뜨린다는 비판이 끊이지 않는다. 그러나 역사를 돌아보면 게임은 단순한 유흥을 넘어 사고력과 전략적 능력을 키우는 교육적 도구로 오랫동안 활용되어 왔다. 바둑, 장기, 체스와 같은 고전 게임들은 두뇌 훈련의 수단으로 여겨졌으며, 군사 전략가들이 전술을 연마하는 데에도 쓰이곤 했다.

그렇다면 왜 같은 게임이 중독이라는 부정적 결과와 교육적 효과라는 긍정적 결과를 동시에 낳는 것일까? 그 핵심은 '재미'에 있다. 게임은 플레이어에게 도전과 성취의 즐거움을 제공하며, 이 재미가 과하면 중독으로, 적절하면 학습 동기로 이어진다. 게임의 매커니즘—즉, 즉각적인 피드백, 점진적 난이도 조절, 보상 시스템은 인간의 심리를 효과적으로 자극한다. 만약 이 매커니즘을 교육에 활용한다면, 학습자는 지루함 없이 복잡한 개념을 습득하고 문제 해결 능력을 기를 수 있을 것이다.

따라서 게임이 가진 재미의 요소를 어떻게 교육적으로 전환할 것인가가 중요하다. 게임의 중독성을 경계하면서도 그 장점을 활용해 학습 효과를 극대화하는 방법을 모색해야 한다.

1. 교육용 게임이란

교육용 게임은 학습과 놀이를 결합한 게임으로 1973년 Bob Jamison이 Apple II용으로 개발한 Lemonade Stand를 시작으로 지금까지 꾸준히 발전해왔다.[9] 오늘날에는 하나의 독립적인 게임 장르로 자리매김하며 다양한 연령대와 교육 목표에 부합하게 게임들이 활발히 개발되고 있다.

에듀게임(Edugame)은 교육(Education)과 게임(Game)의 합성어로 교육적 목적을 지닌 게임을 의미한다. '에듀테인먼트(Edutainment)'는 교육과 놀이를 결합한 신조어로 자칫 지루해지기 쉬운 교육의 과정에서 놀이라는 형식을 도입하여 수용자의 몰입과 집중을 유발하여 교육적 목적과 효과를 달성하기 위한 방법으로 만들어진 콘텐츠이다. 혼용되기도 하나 두 용어는 명확히 구분된다.[10] 에듀테인먼트가 주로 즐거움을 기반으로 한 학습 경험을 지향한다면, 교육용 게임은 단순한 재미를 넘어 학습 효과의 극대화에 보다 중점을 둔다. 실제 현장과 유사한 상황을 모사하는 시뮬레이션 요소를 포함할 수도 있지만, 대부분의 교육용 게임은 특정 교육 이론을 바탕으로 설계되어 학습자의 이해도를 높이는 데 중점을 둔다. 이는 기능성 게임 중에서도 활용 빈도가 가장 높은 분야 중 하나로 평가받는다.

연구자들은 교육용 게임을 다양한 방식으로 정의하고 있다. 학습자의 지적, 정신적, 신체적 발달을 목표로 하는 교육용 소프트웨어로서, 교육적 매체의 하나로 활용된다. 이 소프트웨어는 학습자의 동기를 유발하고 학습에 대한 지속적인 흥미를 이끌어내기 위해 설계되었으며, 학습자의 발달 단계에

---

9   H. S. Yoon, "한국 교육용 기능성 게임의 역사와 발전 방향 고찰," 한국게임학회 논문지, vol. 20, no. 4, pp. 101-110, Aug. 2020.
10 김현숙, (2005), 에듀게임에서의 대화형(interactive) 캐릭터의 효율성 연구 초등학교 저학년 수리교육을 중심으로, 애니메이션연구, 1(2), 49-64.

적합하도록 제작된 게임이다. 넓은 의미에서는 에듀테인먼트 요소와 게임의 형식을 포함한 학습용 컴퓨터 시뮬레이션까지 포괄한다.[11]

즉, 교육용 게임은 명확한 교육적 목표를 지닌다. 모든 게임은 규칙에 따라 경쟁을 통해 승패를 가리는 구조를 가지고 있으며, 그 목표가 교육적 목적에 부합할 경우 이를 교육용 게임이라 할 수 있다. 이러한 게임을 통해 학습자는 게임의 규칙을 준수하는 과정을 자연스럽게 학습하게 된다.

교육용 게임은 상호작용을 기반으로 한다. 게임은 참가자 간의 경쟁, 갈등, 협력 등의 상호작용을 통해 인간관계 능력 개발에 기여한다. 게임을 진행하면서 학습자는 자기 통제력과 규범을 익히고, 타인과의 협력을 통해 공동체적 가치와 협동의 본질을 체험하게 된다. 이를 위해 게임 내에는 선정적이거나 폭력적인 요소가 배제되어야 한다.

교육용 게임은 문제 해결을 위한 의사결정 능력을 기른다. 게임 진행 중 변화하는 상황에 따라 학습자는 합리적인 전략과 전술을 선택하고, 적절한 결정을 내리며 문제를 해결하는 과정을 경험하게 된다. 이로써 실질적인 의사결정 기술을 습득하게 된다.

교육용 게임은 다양한 교육학적 효과를 지닌다. 게임을 통해 주의 집중력 향상, 학습 동기 유발, 태도 변화, 정서 발달, 성취욕 증진, 인내심 강화, 긴장감 해소 등 다양한 긍정적 교육 효과가 나타날 수 있다. 이는 교육용 게임이 단순한 오락 수단을 넘어 실질적인 학습 도구로 기능할 수 있음을 보여 준다.[12]

---

11 정형원, "교육용 게임을 위한 게임요소의 분석 및 연구", 상명대학교 석사학위 논문, 2004.
12 차갑부, "평생교육의 이해", 학지사, 2004.

2. 교육용 게임의 특징과 디자인 원리

1) 교육용 게임의 교육적 의미와 특성

교육에서 게임의 역할은 오래전부터 강조되어 왔다. 철학자 존 듀이(John Dewey)는 이미 게임이 '도덕적 가치와 학습 도구'로서 강력한 교육적 의미를 지닌다고 주장했다. 특히 현대 사회에서는 학습 환경과 학습자의 특성이 변화하면서, 재미와 몰입을 강조하는 학습 방식이 더욱 주목받고 있다.[13] 이러한 흐름 속에서 학습자가 보다 즐겁게 교육 내용을 습득할 수 있도록 돕는 '에듀테인먼트(Edutainment)'가 빠르게 성장하고 있다.[14] 교육용 게임의 핵심적인 특성에 대해 Allessi와 Trollip는 다음과 같이 정리했다.

① 교육적 목적

교육용 게임은 직접적이든 간접적이든 교육적 목표를 포함하고 있다. 일부 게임에서는 학습 목표가 게임의 핵심 요소와 분리되어 있을 수도 있지만, 어떤 경우에는 게임의 목적 자체가 교육 목표와 일치하기도 한다.

② 명확한 규칙

게임 내에서 허용되는 것과 허용되지 않는 것이 명확히 정의되어 있어야 한다. 이러한 규칙은 현실 세계의 규칙을 반영할 수도 있지만, 대부분은 게임 내에서 창조된 가상의 규칙들로 구성된다.

---

13   한국게임산업개발원, "교육용 게임시장 분석 및 개발 전략, 서울: 정일, 2003.
14   황지영, "에듀테인먼트 기반 PC 게임의 캐릭터분석에 관한 연구 - 국내 제작 사례를 중심으로", 경희대학교 교육대학원 석사학위논문, 2004.

③ 경쟁 요소

교육용 게임에는 경쟁이 포함될 수 있으며, 이는 상대방과의 경쟁, 자기 자신과의 경쟁, 제한 시간과의 경쟁 등 다양한 형태로 나타난다. 이러한 경쟁 요소는 학습자의 동기를 자극하는 중요한 역할을 한다.

④ 도전적인 성격

게임 내에서 주어진 목표를 달성하기 위해 학습자는 도전을 경험하게 된다. 이러한 도전 과정은 학습자가 목표에 도달하는 과정에서 몰입감을 높이고 성취감을 느끼도록 돕는다.

⑤ 환상적인 요소

교육용 게임은 학습자의 동기를 유발하기 위해 가상의 세계를 활용한다. 학습자는 게임 속 주인공과 자신을 동일시하면서 몰입하게 되고, 이를 통해 학습 효과가 극대화된다.

⑥ 안전한 학습 환경을 제공

교육용 게임은 현실에서 위험할 수 있는 전투 훈련, 투자 전략, 화학 실험 등의 교육을 안전하게 수행할 수 있도록 설계된다. 게임 내에서 실패하더라도 실제적인 신체적, 정신적, 경제적 피해가 없기 때문에 학습자는 더욱 적극적으로 실험하고 도전할 수 있다.

⑦ 즐거움과 재미

교육용 게임은 학습자에게 재미를 제공하며, 이를 통해 학습 동기를 유발하고 학습 능률을 향상시킨다. 게임을 통한 학습은 단순한 정보 전달이 아니라, 학습자가 적극적으로 참여하고 몰입할 수 있도록 돕는다.

2) 교육용 게임의 설계 요소

교육용 게임을 효과적으로 설계하기 위해서는 다음과 같은 요소들이 필수적으로 고려되어야 한다.

① 명확한 목적 설정
교육용 게임은 학습 목표를 명확히 설정해야 하며, 게임의 목적과 교육 목표가 조화를 이루어야 한다.

② 구체적인 규칙 제공
게임의 진행 방식과 허용되는 행동을 명확하게 정의하여 학습자가 혼란 없이 게임을 플레이할 수 있도록 해야 한다.

③ 경쟁 요소 활용
게임 내에서 학습자가 경쟁을 경험할 수 있도록 설계하여 학습 동기를 자극할 수 있다.

④ 도전 과제 부여
학습자가 스스로 목표를 설정하고 이를 극복하도록 유도하는 도전적인 구조를 포함해야 한다.

⑤ 가상 환경의 활용
게임 속에서 현실과 다른 가상 환경을 조성하여 학습자가 몰입할 수 있도록 한다.

⑥ 안전한 학습 환경 조성

실생활에서 위험할 수 있는 학습 내용을 안전하게 경험할 수 있도록 한다.

⑦ 재미 요소 포함

게임의 재미를 극대화하여 학습자가 지속적으로 학습할 수 있도록 유도한다.

이러한 요소들을 적절히 활용할 경우, 교육용 게임은 학습자에게 단순한 정보 전달을 넘어, 자발적 참여와 능동적인 학습을 유도하는 강력한 교육 도구가 될 수 있다.

3. 게임이 학습 동기를 유발하는 방식

학습 동기는 학습 성취에 중요한 영향을 미치는 요소이다. 심리학에서 '동기'(Motive)는 인간의 행동을 유발하는 내적인 힘을 의미하며 단순한 기계적 원인이 아니라 목적 지향적인 의미를 가진다. 특히 학습 동기는 어린이가 스스로 학습할 수 있도록 돕는 원동력이며 학습 활동을 촉진하고 지속시키며 최종적으로 완수하는 데 중요한 역할을 한다.

교육 현장에서 효과적인 학습을 위해 다양한 교수법이 활용되고 있으며 학습자의 동기를 높이는 방법에 대한 연구가 지속적으로 이루어지고 있다. 최근에는 멀티미디어 자료나 실시간 자료를 활용하여 학습자의 흥미를 유발하는 시도가 많아지고 있다. 이러한 흐름 속에서 교육용 게임은 학습 동기를 자극하는 효과적인 도구로 주목받고 있다.

교육용 게임의 가장 큰 특징은 학습에 대한 흥미를 높이고 몰입도를 극대화하는 것이다. 학습자가 딱딱한 교재나 단순한 암기 방식에 흥미를 느끼지 못할 때 친숙한 게임 요소를 활용하여 자연스럽게 학습에 참여하도록 유도할 수 있다. 즉, 게임의 즐거움을 기반으로 학습자가 능동적으로 문제를 해결하며 배울 수 있도록 설계된 것이 교육용 게임의 핵심이다. 이러한 방식은 특히 어린 학습자들에게 효과적이며, 주어진 목표를 달성하기 위해 스스로 사고하고 탐색하는 능력을 길러준다.

결과적으로 교육용 게임은 단순한 오락을 넘어 학습자가 주체적으로 참여하고 성취감을 느낄 수 있도록 돕는 강력한 교육 도구로 자리 잡고 있다. 이를 통해 학습자는 자연스럽게 지식을 습득하고, 학습에 대한 긍정적인 태도를 형성할 수 있다.

4. 게임이 교육에 미치는 효과

1) 게임이 학습에 도움이 될까

게임에서 플레이가 자신의 역할과 책임을 가정하고 이를 확인하고 경험하는 것은 장려와 벌칙의 인과가 되고 게임이 된다. 게임은 가장 적극적인 활동이다. 만약 학습 과정을 게임 버전으로 재미있게 설계할 수 있다면 이것은 바로 이상적인 학습 방식이다. 학습 동기는 아이들의 학습 흥미를 유발하고 학습 활동의 동인과 흥미를 유지한다. 놀이는 어린이의 성장과정에서 가장 중요한 부분이다. 만약 재미있는 방법으로 어린이의 흥미를 유발할 수 있으며 놀이 학습과정에서 지식을 얻을 수 있다면 학습효과를 얻을 수 있다.[15]

어린이의 학습 과정에서 가장 중요한 요소 중 하나는 학습 동기이다. 동기(Motive)란 행동을 유발하고 유지하는 내적 원인을 의미하는데, 단순한 기계

15　대만- 儿童认知风格去向之多媒体数位学习内容设计

적 반응이 아니라 목적 지향적인 특성을 가진다. 특히 학습 동기는 어린이가 스스로 학습에 몰입할 수 있도록 돕는 중요한 원동력이 되며, 학습 활동을 시작하고 지속하는 과정에서 핵심적인 역할을 한다.

학습 동기를 높이기 위해 다양한 교수법이 활용되고 있으며 최근에는 멀티미디어 자료나 실시간 데이터 등 보다 흥미로운 방식으로 학습 환경을 조성하려는 시도가 많아지고 있다. 그중에서도 교육용 게임은 학습자가 흥미를 잃지 않도록 돕는 효과적인 방법으로 주목받고 있다. 전통적인 교육 방식에서는 학생들이 지루함을 느끼기 쉬운데 게임을 활용하면 자연스럽게 몰입도를 높일 수 있기 때문이다.

아이들은 놀이를 통해 세상을 배운다. 놀이 자체가 학습의 중요한 부분이며 흥미로운 방식으로 진행될 때 학습 효과는 더욱 극대화된다. 만약 학습 과정을 게임처럼 설계할 수 있다면 아이들은 자연스럽게 학습에 몰입하고 주어진 목표를 달성하기 위해 노력하게 된다. 즉, 게임을 통한 학습은 단순히 재미를 위한 것이 아니라 학습 활동을 보다 적극적이고 능동적으로 만들 수 있는 이상적인 방법이라고 할 수 있다.

5. 게임 기반 학습의 장점과 사례

1) 게임 기반 학습

게임 기반 학습(Game-Based Learning, GBL)은 단순한 오락 활동이 아니라, 학습 효과를 극대화할 수 있는 강력한 교육적 도구이다. 게임은 본래 사용자가 목표를 설정하고 도전하며 문제를 해결해 나가는 구조를 가지고 있기 때문에, 이를 교육에 적용하면 자연스럽게 학습자의 참여도를 높이고 학습 효과를 극대화할 수 있다.

① 학습 동기와 몰입

게임은 보상과 도전의 요소를 포함하고 있어 학습자의 동기를 자극한다. 미션을 완료하거나 단계를 클리어하는 과정에서 성취감을 느끼고, 이를 통해 학습에 대한 긍정적인 태도를 갖게 된다. 또한, 게임 내에서 주어진 역할을 수행하며 책임감을 배우고, 목표를 달성하기 위해 적극적으로 참여하게 된다.

② 인지 능력을 향상

게임 기반 학습은 정보 처리 능력, 문제 해결 능력, 논리적 사고력을 향상시키는 데 효과적이다. 예를 들어, 컴퓨터 게임을 활용한 학습 연구에서는 학생들이 컴퓨터 메모리 개념을 보다 쉽게 이해할 수 있었으며, 게임을 활용한 집단이 그렇지 않은 집단보다 높은 학습 성과를 보였다는 연구 결과도 존재한다.

③ 실제 상황과 유사한 학습 환경을 제공

게임은 가상의 시뮬레이션을 통해 현실과 유사한 환경을 제공할 수 있다. 예를 들어, 비행 시뮬레이터는 조종사 훈련에 활용되며, 투자 전략 게임은 경제학 교육에 사용될 수 있다. 이러한 방식은 학생들이 직접 경험할 수 없는 상황을 안전하게 체험하도록 돕고, 실전에서의 대응 능력을 키우는 데 큰 도움이 된다.

④ 협력과 경쟁을 통한 학습 효과

게임은 경쟁과 협력 요소를 동시에 활용할 수 있습니다. 멀티플레이어 게임에서는 친구들과 협력하여 목표를 달성해야 하며, 개별 플레이에서는 자기 자신과 경쟁하며 더 높은 목표를 이루기 위해 노력하게 된다. 이를 통해 사회적 기술을 배우고, 팀워크와 문제 해결 능력을 향상시킬 수 있다.

2) 게임기반 학습의 장단점 사례

게임기반 학습은 그 자체가 가지고 있는 기술적인 특성으로 인해 정보처리능력과 의사 결정력 등 학생의 고차적 인지 능력을 향상하는 데 효과적이다.[16] 인지적 영역에 있어 교육용 게임의 효과는 지식습득과 내용의 이해, 의사결정 능력 등의 다양한 인지 능력에 긍정적 영향을 미친다. 컴퓨터 게임을 활용하여 컴퓨터 지식을 학습한 결과 학습자들이 컴퓨터 메모리에 대한 개념 습득에 유의미한 효과를 낸 것으로 나타났으며[17] 게임을 통해 지식을 학습한 집단이 그렇지 않은 집단에 비해 지식습득에 있어 차이를 보였다는 연구 결과도 존재한다.[18]

3) 교육에 적용된 게임 사례

교육 방식이 다양해지면서 게임을 교육에 융합하여 학습의 지루함을 줄이는 시도가 이루어졌다. 초기에는 주로 게이미피케이션(Gamification) 방식으로 진행되었다. 예를 들어, 교실 뒤 칠판에 모든 학생의 이름을 적어두고, 성적이 우수하거나 좋은 행동, 체육대회 수상 등 긍정적 활동을 할 때 이름 옆에 꽃 스티커를 붙이는 방식이다. 한 학기 동안 가장 많은 스티커를 받은

---

16 BECTa (2002). Young People and ICT 2002. ICT in Schools Research andEvaluation Series. 12. 1-43.

17 Papastergiou, M. (2009). Digital Game-Based Learning in high school ComputerScience education: Impact on educational effectiveness and studentmotivation, Computers & Education, 52(1), 1-12.

18 Beale, I. L., Kato, P. M., Marin-Bowling, V. M., Guthrie, N., & Cole, S. W. (2007). Improvement in cancer-related knowledge following use of a psychoeducationalvideo game for adolescents and young adults with cancer. J Adolesc Health.41(3). 263-270.

학생에게는 상을 수여하여 성취감을 높였다. 또한, 숙제 면제권, 청소 면제권, 간식, 문제집 추가 제공 등 다양한 경품을 추첨을 통해 제공하며 학생들의 참여와 학습 동기를 유도하였다.

  게임의 교육적 효과는 다양한 연구를 통해 입증되고 있다. 콘텐츠경영연구소가 국내외 학교를 대상으로 진행한 조사에 따르면, 게임을 학습에 적용했을 때 학습 효과가 약 30~50% 증가한 것으로 나타났다. 특히 영어, 수학 등 과목에 상관없이 학습 성취도가 높아진 점이 주목할 만하다. 미국 카우프만 재단의 연구에서도 유사한 결과가 보고되었다. 보고서에 따르면 평점이 높은 강사가 제공하는 일반 강의는 학습 효과를 17% 향상시켰지만, 동일 강의를 게임 방식으로 진행할 경우 학습 효과는 무려 108%까지 증가했다.[19]

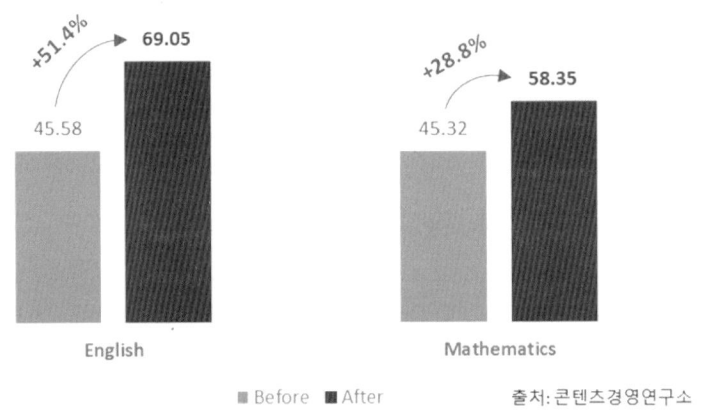

[그림 19] 게임의 교육적 효과 향상

---

19 http://edu.chosun.com/site/data/html_dir/2017/12/20/2017122000872.html-조선에듀.

① 실제 교육에 활용된 게임 사례

Kevin P. Loquin은 캐나다 몬트리올에 거주하는 고등학교 역사 교사로, 올해는 학생들이 그리스의 명소를 방문한 후 각자 방문 보고서를 작성하고 학습을 심화하도록 할 계획이었다. 그러나 전 세계적으로 유행한 코로나-19로 인해 여행이 중지되면서 그의 계획은 무산되었다. 이에 그는 집에서도 여행을 경험할 수 있는 방법을 고민하던 중, 곧 "Assassin's Creed: Odyssey"에 푹 빠졌다.

"Assassin's Creed"의 줄거리는 역사로 연구할 수 없지만 조작된 내용이 많이 포함되어 있다. 그러나 "Assassin's Creed"는 제작 과정에서 특히 건축, 의복, 생활 장면의 복원에서 많은 역사적 문서를 언급하기도 했으며 특히 작년에 Ubisoft는 "Discovery Journey"모드로 게임을 무료로 업데이트했다. Assassin's Creed: Odyssey는 디지털 박물관이 되었다. 이 모드에서는 전투와 주요 스토리 라인이 없으며 플레이어는 고대 그리스의 유명한 명소를 방문하는 데 집중하고 그들이 화려했을 때의 모습을 볼 수 있다. 게임에는 30개의 디스커버리 투어가 내장되어있어 플레이어가 고대 그리스의 유명한 풍경, 당시의 건축, 문화 및 생활 습관에 대한 자세한 설명과 일부 문화 유물 사진이 포함되어 있다. 마지막으로 게임에는 약간의 소규모 시험도 포함된다. 가르칠 교사가 없더라도 학생들은 많은 지식을 배울 수 있다는 것을 보여주었다.

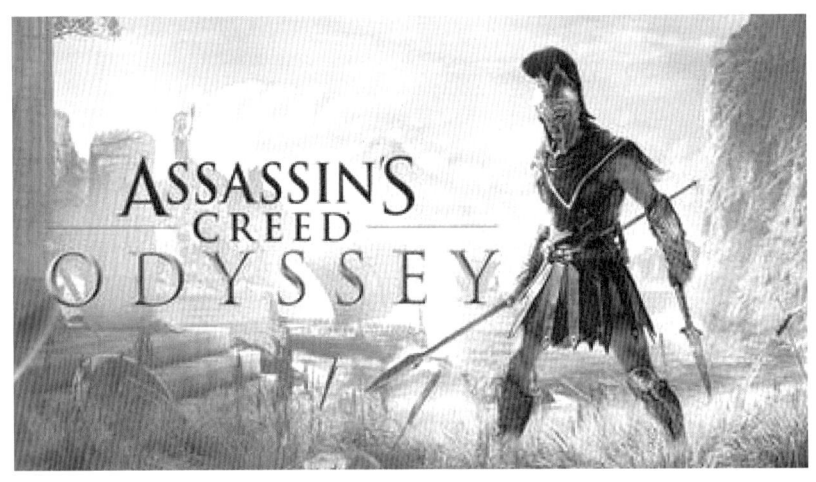

[그림 20] 어쌔신 크리드 오디세이
(출처: https://www.fanatical.com/ko/game/assassins-creed-odyssey?v=3312)

크리에이티브 게임 "Dreams"의 제작팀 인 Media Molecule은 다양한 과목의 교사들이 그들과 연락을 했으며 지리 교사, 음악 교사 등 연락이 왔었다. 그들은 모두 "Dreams"를 사용하여 가상 교실을 구축하기를 희망한다. 그리고 10대들 사이에서 인기가 많은 '마인크래프트'와 '로블럭스'는 유행 시기에 교육에 자주 사용되었다.[20]

4) 미세먼지를 주제로 한 교육용 게임 사례 분석

미세먼지는 현대 사회의 주요 환경 문제 중 하나로, 이에 대한 인식을 높이고 효과적인 대처 방안을 교육하기 위한 다양한 시도가 이루어지고 있다. 특히, 게임을 활용한 교육은 학습자에게 보다 직관적이고 몰입감 있는

---

20 https://zhuanlan.zhihu.com/p/133965490-어쌔신 크리드 오디세이.

경험을 제공할 수 있다. 이에 본 장에서는 기존의 미세먼지 관련 게임들을 환경 교육과 안전 교육 측면에서 분석하고, 해당 게임들이 실제 교육적 효과를 갖추었는지를 살펴본다.

환경 교육용 게임은 많지만 미세먼지에 초점을 맞춘 게임은 드물다. 대부분 보드게임 형태로, 경영·전략 장르를 통해 환경 보호를 다루지만 규칙이 복잡해 접근성이 낮다. 안전 교육 게임에도 미세먼지 콘텐츠가 일부 있으나 비중은 적다. 아래는 '미세먼지'를 키워드로 검색된 주요 게임 사례로, 일부는 교육용이 아닌 일반 게임이다.

① AR 미세먼지 교육 (증강현실 환경안전교육)

AR 미세먼지 교육 앱은 환경보전협회에서 제작하여 무료로 배포하는 교육용 애플리케이션이다. 이 앱은 미세먼지가 발생하는 과정과 그 피해, 대응 방법을 초등학생들이 쉽게 이해할 수 있도록 설계되었다. 특히, '왜 이런 일이 일어나게 되었을까'라는 스토리를 통해 미세먼지 문제를 이야기 형식으로 풀어나가며 학습자가 직접 카메라를 이용해 주변 환경을 탐색하며 정보를 습득할 수 있도록 구성되어 있다.

AR기술을 활용하여 학습자가 실생활에서 미세먼지를 시각적으로 인지할 수 있도록 했다는 점에서 높은 교육적 효과를 기대할 수 있다. 그러나 앱이 제공하는 정보가 초등학교 저학년 수준에 맞춰져 있어, 보다 심화된 학습이 필요한 중·고등학생이나 성인을 대상으로 한 확장성이 부족한 점이 한계로 지적될 수 있다.

[그림 21] AR미세먼지교육

② Dust War

'Dust War'는 미세먼지를 제거하는 것을 기본 목표로 한 슈팅 게임으로, 화면 위에서 쏟아지는 먼지를 피하면서 다양한 무기로 먼지를 제거하는 방식이다. 웨이브를 진행하면서 더 강력한 무기를 획득할 수 있으며, 업그레이드를 통해 점점 강력한 공격을 할 수 있도록 설계되었다.

게임은 교육용 목적이 아닌 오락성을 중심으로 제작되었기 때문에, 미세먼지의 원인과 예방 방법에 대한 직접적인 교육적 요소는 포함되지 않았다. 그러나 플레이어가 게임을 진행하면서 먼지(미세먼지)와의 충돌을 피해야 하고, 먼지를 제거해야 한다는 기본적인 개념을 직관적으로 전달할 수 있다는 점에서 간접적인 교육 효과는 있을 수 있다.

[그림 22] Dust War

③ 고등어구이 전문점 운영

게임은 산업화로 인해 대기 오염이 증가한 상황을 배경으로 하며, 정부가 '고등어구이'가 대기 오염의 주요 원인 중 하나라고 판단하여 과세를 시작한 설정을 가지고 있다. 플레이어는 '구이 신'의 도움을 받아 고등어구이 전문점을 운영하면서, 미세먼지 배출을 줄이면서도 경제적 이익을 극대화해야 한다.

게임은 실제로 미세먼지가 발생하는 원인과 관련된 현실적인 문제를 다루고 있으며, 플레이어가 합리적인 경영 전략을 통해 미세먼지를 줄이도록 유도한다. 그러나 경제적 요소가 강조되면서 환경 교육적인 측면이 상대적으로 부각되지 않는다는 점에서 보완이 필요하다.

[그림 23] 급신-고등어 구이 전문점 운영

④ 지구 게임

'지구 게임'은 환경 보호를 주제로 한 도시 건설 전략 게임이다. 플레이어는 도시를 운영하며 환경 문제를 해결해야 하며, 다양한 프로젝트와 정책을 실행하면서 지속 가능한 도시를 만들어 나가는 것이 목표이다.

게임은 환경 보호를 주요 주제로 다루고 있지만, 미세먼지에 대한 구체적인 교육적 정보가 포함되지 않았다. 또한, 게임의 지속적인 플레이를 위해 오염이 심한 공장이 자동으로 사라지는 구조적 한계를 가지고 있어, 현실적인 환경 보호 전략과는 다소 차이가 있다.

[그림 24] 지구 게임: 도시건설

⑤ 뽀로로 생활 안전

'뽀로로 생활 안전'은 어린이 생활 안전 교육을 목적으로 개발된 게임으로, 일상에서 발생할 수 있는 다양한 안전 사고를 예방하는 방법을 놀이를 통해 학습할 수 있도록 구성되어 있다. 미세먼지에 대한 내용은 '스페셜 안전 규칙'에 포함되어 있으며, 미세먼지, 바이러스, 계절별 안전 수칙(여름, 겨울) 등을 다룬다.

게임은 어린이를 대상으로 한 기본적인 생활 안전 교육을 제공하는 데 초점을 맞추고 있어, 미세먼지에 대한 교육적 내용이 단편적으로 포함되어 있으며 심층적인 학습이 어렵다는 점이 한계로 작용할 수 있다.

[그림 25] 뽀로로 생활 안전-어린이 안전 교육

현재 미세먼지 관련 게임들은 교육, 시뮬레이션, 전략, 슈팅 등 다양한 장르로 제작되어 있다. 교육용 게임은 주로 미세먼지의 개념과 예방법을 전달하며 학습 효과를 중시한다.

반면 슈팅이나 전략 게임은 오락성을 중심으로 하여 미세먼지 요소가 단순 배경이나 부가 설정에 그치는 경우가 많다. 또한 일부 시뮬레이션 게임은 미세먼지 발생 요인을 다루지만 지식 전달보다는 플레이 중심으로 설계되어 있다.

즉, 교육 목적의 게임일수록 미세먼지 정보 전달이 뚜렷하고 오락 중심의 게임일수록 관련성이 약하다는 차이가 있다.

[표 2] 미세먼지 관련 게임 사례 정리

게임	플랫폼	게임 종류	게임내용	미세먼지 관련 내용	미세먼지 지식전달
AR미세먼지 교육	모바일	교육	미세먼지에 의해 피해를 받고 있는 한 가족을 통해 미세먼지에 대해 설명한다.	있음	미세먼지예방 미세먼지생성 미세먼지 감소
Dust War	모바일	슈팅	화면 위에서 내려오는 미세먼지를 여러 무리고 제거	없음	없음
고등어 전문점 운영	모바일	시뮬레이션	고등어를 구워 나오는 유연을 줄여야 하며 영업의 속도를 높여 파산을 막아야 하는 게임	있음	없음
지구 게임	모바일	전략	환경, 인구 및 경제의 균형을 잡으며 폭동이나 파산을 방지하며 도시를 건설하는 게임.	없음	미세먼지 생성
뽀로로 생활 안전	모바일	교육	아이들이 알아야 하는 생활 안전 규칙을 재밌게 플레이하는 게임.	있음	미세먼지 예방

3장 게임으로 배우는 교육, 가능할까

4장

연구문제 제시 및 가설 설정

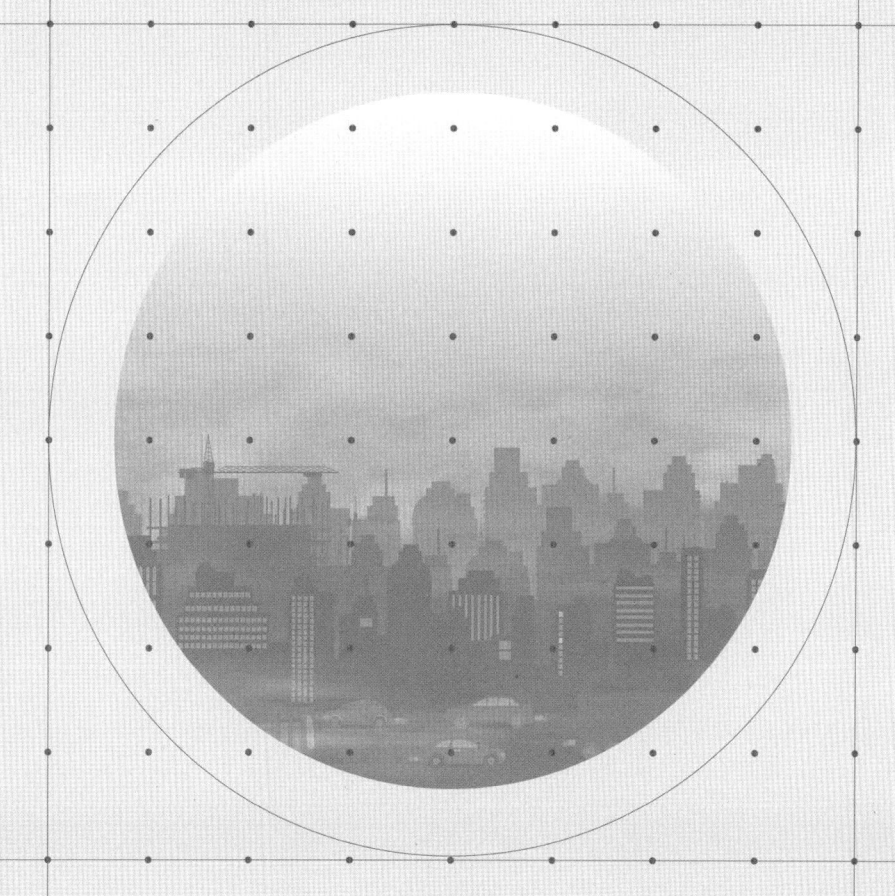

1. 연구 문제 제시 및 연구목적

1) 연구 문제 제시

본 연구에서는 초등학생을 저학년(1~4학년, 만 6~11세)과 고학년(5~6학년, 만 11~13세)으로 구분하여 분석하였다.

이론적 배경을 바탕으로 헤르만 에빙하우스(H. Ebbinghaus)의 망각곡선 이론을 참고하였다. 그는 반복학습이 장기기억 유지에 효과적이라고 주장하였으며 이를 근거로 본 연구는 게임의 반복 플레이를 통한 학습 효과 가능성을 탐색하고자 한다. 이에 다음의 연구문제를 설정하였다.

문제 1: 나이에 따라 게임의 반복 플레이가 학습에 어떤 영향을 미치는가

한편, 미세먼지(PM10)는 공기 중을 떠도는 미세한 입자를 의미하며 그중에서도 초미세먼지(PM2.5)는 호흡기를 통해 인체 깊숙이 침투하여 만성 질병을 유발할 수 있다. 특히 면역력이 약한 어린이는 미세먼지로 인한 피해를 가장 많이 받는다. 또한, 어린이는 집중력이 짧기 때문에 재미와 학습을 결합한

교육 방식이 전통적 강의식 교육보다 더 효과적이다. 이에 본 연구는 다음의 문제를 추가로 제시하였다.

문제 2: 미세먼지 예방 게임을 통해 어린이의 미세먼지 인지 수준이 향상될 수 있는가?

2) 연구목적

이론적 고찰을 바탕으로 초등학생을 대상으로 미세먼지 예방 관련 지식을 쉽게 이해할 수 있는 교육을 진행하기 위해 어린이 특성에 맞춘 실험용 게임을 제작하였다. 본 연구에서는 게임의 반복 플레이가 어린이 학습에 미치는 교육적 효과를 평가하고자, 초등학생을 저학년과 고학년으로 나누어 실험을 진행한 후, 실험 결과를 비교·분석하여 학습효과 향상 가능성을 검증하고자 한다.

2. 연구 가설 설정

연구 가설 설정에서는 헤르만 에빙하우스(H. Ebbinghaus)의 반복학습이 장기기억 유지에 효과적이라는 점과, 피아제(Piaget)의 인지발달 4단계 이론에서 나이에 따라 인지능력이 다르다는 사실을 근거로 삼았다. 또한 미하이 칙센미하이(Mihaly Csikszentmihalyi)의 학습 몰입 이론에 따르면, 문제 난이도가 너무 어렵거나 쉽고, 재미가 없으면 몰입도가 낮지만, 학습에 흥미가 있으면 몰입도가 높아 학습 효과가 향상된다. 이를 바탕으로 반복학습, 인지발달, 학습 몰입도를 게임의 특성과 결합하여 어린이가 쉽게 이해할 수 있는 교육용 게임을 제작하고 다음과 같은 가설을 설정하였다.

가설 1: 교육용 게임의 반복 플레이는 미세먼지 예방 학습효과를 향상시킬 것이다.

선행연구에서 존 듀이(John Dewey)는 게임을 도덕적 가치와 학습 도구로서 강조하며, 게임이 강력한 교육적 의미를 지닌다고 주장하였다. 이를 바탕으로, 교육용 게임이 미세먼지 예방 학습에 효과적일 것이라는 가설을 설정하였다.

가설 2: 어린이는 미세먼지 예방 게임을 반복 플레이함으로써, 미세먼지 관련 지식을 장기기억으로 향상시킬 것이다.

에빙하우스의 망각곡선에 따르면, 기억은 10분 후부터 서서히 사라지지만, 반복 학습을 통해 장기기억으로 유지할 수 있다. 게임의 반복 플레이를 통해 어린이가 미세먼지 지식을 장기기억으로 저장할 수 있을 것으로 예상된다.

가설 3: 어린이는 미세먼지 예방 게임을 통해 미세먼지 예방에 대한 이해력이 향상될 것이다.

교육용 게임은 지식 습득, 내용 이해, 의사결정 능력 등 다양한 인지적 영역에 긍정적 영향을 미친다. 선행연구에서도 게임 기반 학습을 경험한 집단이 그렇지 않은 집단보다 지식 습득과 이해력에서 차이를 보였으며, 게임의 기술적 특성은 학생의 정보 처리 능력과 고차적 인지 능력 향상에도 효과적임이 확인되었다.

5장

'WUMAI' 게임 개발 이야기

1. 'WUMAI'는 어떤 게임인가

'WUMAI'는 중국어 '우마이(雾霾)'에서 유래된 이름으로, '안개(雾)'와 '먼지(霾)'를 의미한다. 이 단어는 미세먼지 문제를 직관적으로 잘 표현하며 이를 주제로 한 교육적인 목적을 가진 게임이다.

'WUMAI' 게임은 초등학생을 주요 대상층으로 설계되었으며 어린이들이 쉽게 접근할 수 있도록 직관적인 플레이 방식과 간단한 조작법을 채택하였다. 이 게임은 미세먼지의 위험성과 예방법과 대응 방법을 교육하는 데 중점을 두고 있다. 'WUMAI' 게임은 단순한 정보 전달을 넘어 어린이들이 스스로 문제를 인식하고 해결 방법을 모색하는 과정을 통해 환경에 대한 관심을 높이는 것을 목표로 한다. 미세먼지는 우리 주변 가까이에서 생기는 일이기에 게임 속에서 어린이들이 환경 의식을 키울 수 있도록 기획되어 있다. 게임 내에서 공기 정화, 식물을 기르거나 마스크를 착용 등 생활 속에서 실천할 수 있는 작은 행동들이 게임에서 반영되며 올바른 생활 습관을 자연스럽게 습득하도록 돕는다.

이와 같은 게임 설계를 통해, 어린이들은 미세먼지 문제를 현실적인 문제로 인식하고 이를 개선하기 위한 실천적인 방법들을 배우게 되며 환경보호의 중요성을 체득할 수 있을 것이다.

2. 교육적 목표 설정하기

본 연구에서 제작한 실험용 게임은 미세먼지와 관련된 지식을 어린이가 보다 쉽게 이해할 수 있도록 교육적 목적을 기반으로 설계되었다. 선행연구에 따르면 아동은 인지능력과 집중력이 상대적으로 약하나, 반복 학습을 통해 학습 효율과 기억의 지속성을 높일 수 있다. 게임은 이러한 교육적 이론을 구현하기에 적합한 매체로 높은 몰입도와 상호작용성을 제공하며 반복적인 플레이를 가능하게 한다. 따라서 본 실험의 주요 목적은 게임을 활용하여 이해하기 어려운 내용을 보다 쉽게 습득할 수 있도록 지원하는 데 있다.

3. 연구를 바탕으로 하는 게임 설계

1) 실험용 게임 디자인

본 연구는 가설을 검증하기 위하여 실험용 게임을 제작하여 20명 이상의 어린이를 대상으로 한 어린이당 총 18회(6개 게임*3개 스테이지)의 실험을 진행하였으며 미세먼지 예방을 주제로 퍼즐 교육용 게임을 실험 목적으로 집적 제작하였다. 게임 속 6개의 게임과 5개의 설문조사로 되어 있으며 게임을 통해 어린이에게 미세먼지 예방 지식을 전달하고 설문조사를 통해 어린이가 게임 속 미세먼지 예방 인지도를 검증하였다. 설문조사 1.2문제는 게임에 있는 내용이어서 암기력을 관찰하고 4.5문제는 게임에 없는 미세먼지 관련 내용이어서 이해력을 관찰 할 수 있다. 설문 3은 게임 내. 외의 문제가 각각 있는 내용이다. 이를 통해 가설을 검증할 예정이다. 실험용 게임은 2021년 4월 5일~29일까지 테스트를 진행하여 테스트 결과를 얻은 것이다. 개인 SNS를 통하여 초등학교 선생님인 지인을 부탁하여 어린이에게 실험용 게임을 전달하였으며 어린이는 핸드폰이 없기에 부모님의 허락받고 숙제가 끝난 후에 테스트를 진행 하였다.

2) 선행 사례를 통한 기획요소 추출

어린이가 미세먼지 예방 게임의 반복학습을 통해 어떤 학습효과를 얻을 수 있는지에 대해 조사를 진행 하였다. 선행 사례를 통해 아래 표 6과 같이 기획요소를 추출 하였다. 본 연구는 초등학생 6~13세 어린이를 대상으로 연구를 진행하였기에 WHO와 인지발달 4단계를 통해 저학년과 고학년으로 나누어 연구를 진행하였다. 미세먼지에 대해 주변에서 자주 일어나는 흡연, 주방유연, 자동차 매연 등 현상과 자신을 보호 할 수 있는 마스크 착용, 위생관리 등에 대한 지식을 도출하였다. 어린이가 쉽게 미세먼지 지식을 이해 할 수 있도록 교육용 게임을 응용하게 되었으며 교육용 게임은 재미를 통해 지식을 전달하는 것이어서 어린이에게 제일 적합하다. 그 외에 어린이의 반복학습은 어린이의 기억력을 향상 시킬 수 있으며 게임에서 반복학습을 반복 플레이를 통해 장기기억을 얻게 할 수 있다. 학습 몰입도는 어린이의 학습효과에 큰 영향을 줄 수 있다. 사람이 몰입 상태에 있으면 놀이를 하는 것처럼 즐거움을 경험하며 이러한 경험에서 학습효과는 더 높을 것이다. 반복학습과 학습 몰입도를 게임과 융합하여 어린이의 이해력을 더욱 향상 시킬 수 있다.

[표 3] 실험용 게임 기획 요소 추출

이론적 고찰	이론적 고찰 내용	기획 요소 추출
미세먼지에 대한 지식	미세먼지 생성요소 미세먼지 위험요소 미세먼지 예방	미세먼지 예방을 위한 자가 보호 방법과 일상 속 미세먼지 발생 요인 정리.
헤르만 에빙하우스 반복학습	학습에서 중요한 것은 단기기억이 아닌 장기기억이며, 이를 위해 반복이 필요하다.	반복 플레이를 통해 단기기억을 장기기억으로 전환하도록 3회 이상 반복 실험을 진행하였다.
피아제 어린이 인지 발달 4단계	인간의 인지 발달은 네 단계를 거치며, 각 단계는 정해진 순서로 진행되고 수준이 높을수록 복잡성이 증가한다.	피아제와 WHO 기준에 따라 6~13세 초등학생을 저학년과 고학년으로 구분하여 연구를 진행하였다.
미하이 칙센미드하이 학습 몰입도	몰입 상태에서는 놀이처럼 즐거움을 느끼며, 활동 자체가 흥미롭기 때문에 내재적 동기가 형성되어 외부 보상 없이도 지속된다.	몰입 상태는 놀이처럼 즐겁기 때문에, 어려운 지식도 게임을 통해 몰입도를 높여 효과적으로 학습할 수 있다.
교육용 게임	교육용 게임의 주요 특성은 오락적이면서 교육적 목적을 가지며, 규칙과 경쟁 요소를 갖추고, 환상적 요소로 학습 동기를 자극하고 현실적 위험이 없어 안전하다는 점이다.	교육용 게임의 게임특징과 게임 기획요소 추출.
미세먼지 관련 게임	미세먼지 관련 5개 게임 분석 결과, 지식 전달이 충분하지 않았으며 게임 플레이 방식의 중요성을 확인할 수 있었다.	게임에서 미세먼지 지식과 플레이 방식을 과장하거나 현실과 다르게 표현하면 교육 효과가 떨어진다.

3) 'WUMAI' 게임 디자인 초기 구상 및 플로우 차트

본 게임은 미세먼지 예방에 관한 지식을 쉽고 효과적으로 습득할 수 있도록 설계된 교육용 게임이다. 이를 위해 게임 구조는 게임 섹션과 설문조사 섹션 두 부분으로 구성되었다.

게임 내에는 미세먼지와 관련된 다양한 상호작용 요소가 포함되어 있으며 이를 통해 사용자가 실제 상황에 가깝게 학습할 수 있도록 하였다. 또한 설문조사는 게임을 플레이하는 동안 사용자의 미세먼지 인지도 및 이해도가 향상되었는지를 검증하기 위해 마련되었다.

① 게임부분

스테이지1: 미세먼지 날씨에 적절한 외출 방법.
스테이지2: 외출 후 집에 들어왔을 때 첫 번째로 해야 할 행동.
스테이지3: 미세먼지 발생 시 실내에서의 행동 요령.
스테이지4: 길거리의 심각한 연기 문제 해결 방법
스테이지5: 자동차 매연 저감 방법
스테이지6: 마스크 올바른 착용 순서

총 6개의 소 게임으로 구성되어 있으며 미세먼지와 관련된 상황 인식, 위험성, 생성 원인, 예방법 등을 주제로 기획되었다.

② 설문조사

설문조사는 총 5문항으로 구성되어 있으며 게임 내 학습 내용과 게임 외 확장 지식을 함께 조사한다.

설문 1: 어떤 상황에서 미세먼지가 발생할 수 있는가? (게임 내 내용)
설문 2: 미세먼지 날씨에 외출 방법은? (게임 내 내용)

설문 3: 자동차 매연을 줄일 수 있는 방법은? (게임 외 내용)

설문 4: 어떤 상황에서 미세먼지 현상이 일어날 수 있는가? (게임 외 내용)

설문 5: 미세먼지 날씨가 우리 생활에 미치는 영향은? (게임 외 내용)

게임 내 학습 내용에 대한 이해도를 검증하는 것을 목적으로 한다. 게임 속에서 다루어진 사례뿐만 아니라 현실에서 발생할 수 있는 유사 사례를 함께 제시하여 플레이어의 미세먼지에 대한 인지도 향상 정도를 종합적으로 평가하고자 한다.

4) 게임 유형 및 게임 개발 소프트웨어 탐구

'WUMAI' 게임 설계에 있어 중요한 참고 사례가 된 게임은 <위기탈출-신의 회피>였다. 이 게임의 플레이 특징을 바탕으로 'WUMAI' 게임은 2D 그래픽을 활용하여 친근하고 직관적인 인터페이스를 구현하였다. 2D 그래픽을 채택함으로써 게임의 시각적 접근성을 높이고, 어린이들이 게임의 내용을 쉽게 이해할 수 있도록 도왔다.

또한, 코로나-19 이후 다인 모임이 어려운 상황을 고려하여, 'WUMAI' 게임은 모바일 환경에서 혼자서도 쉽게 플레이할 수 있도록 설계되었다. 반복적인 플레이가 가능하고 간편한 모바일 게임 환경을 제공함으로써, 아이들이 집이나 학교에서 부담 없이 즐길 수 있도록 했다. 게임은 짧은 시간 내에 여러 번 반복 플레이할 수 있게 구성되어 있어, 교육적인 내용이 자연스럽게 습득되도록 돕고 있다.

[표 4] 실험에 사용된 툴 프로그램

게임명	WUMAI
플렛폼	안드로이드 스마트폰
종류	교육, 퍼즐
메인 그래픽 스타일	2D
대상	만6~13세
해상도	1290*1080(PX)
그래픽	2D

다음은 'WUMAI' 게임 제작에 사용된 소프트웨어 및 툴이다. 그래픽 작업은 <포토샵 CC 2020>을 사용하였으며 개발 언어는 <C#>, 게임 개발은 <유니티 2019.4> 버전으로 진행되었다. 실험 게임 플레이어들의 데이터를 수집하기 위해 <MySQL 5.7>과 <Navicat 12.1>을 사용하여 데이터를 추출하였다.

[표 5] 실험에 사용된 툴 프로그램

프로그램 LOGO	내용
Adobe Photoshop CC 2020	'WUMAI' 게임에서는 포토샵 CC 버전으로 UI, 캐릭터, 배경 등 그래픽 제작에 사용.
unity	Unity(2019.4 버전)는 2D·3D 게임 개발뿐만 아니라 애니메이션, 건축 시각화, 가상현실(VR) 등 다양한 인터랙티브 콘텐츠 제작에 활용되는 통합 엔진이다. 본 연구에서는 Unity를 활용하여 실험용 게임의 플레이 기능을 구현하였다.

MySQL	MySQL 5.7은 관계형 데이터베이스 관리 시스템(RDBMS)으로, 본 실험에서는 이를 활용하여 'WUMAI' 게임의 플레이 데이터를 수집 및 도출하였다.
Navicat	Navicat 12.1은 시각화 기반의 데이터베이스 관리 및 개발 도구로, MySQL 시스템의 데이터를 효율적으로 수집·처리하여 시각적으로 표현할 수 있도록 지원한다.
C#	C#은 실험용 게임 제작의 주요 프로그래밍 언어로, 본 연구에서는 주로 Unity 환경에서 활용하였다.

5) 실험용 게임 'WUMAI' 플로우 차트

실험용 게임 'WUMAI'는 초기 구상에 따라 다음과 같이 설계되었다. 플레이어는 먼저 닉네임과 기본정보를 입력한 후 게임을 시작하며 게임 플레이 동안 아이템 선택 과정을 모두 기록되어 향후 플레이 데이터 분석에 활용된다. 이어 설문조사가 진행되고 설문이 종료되면 다시 게임 선택 화면으로 돌아가 새로운 게임을 이어서 플레이한다. 이러한 과정을 총 3스테이지 반복해야 학습 효과를 확인할 수 있다. 데이터는 3스테이지를 마친 플레이어의 수치를 수집·분석한다.

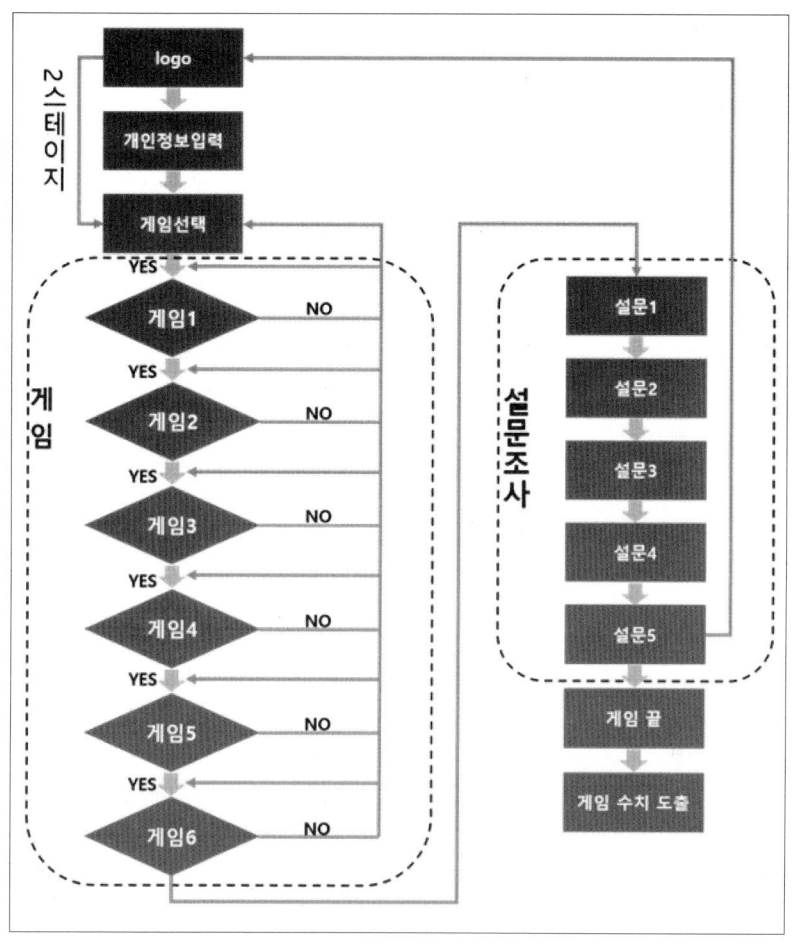

[그림 19] 'WUMAI' 플로우 차트

6) 실험용 게임 'WUMAI' 그래픽 디자인

① 게임 시작 및 개인정보 입력화면

게임의 그래픽은 「위기탈출-신의 회피」를 참조하여 제작되었다. 첫 화면 [그림 20]은 영문 'WUMAI'를 건축물 형태로 형상화하였으며 화면 좌측의 맑은 하늘이 공장에서 배출되는 매연으로 인해 점차 회색으로 변해가는 과정을 시각적으로 표현하였다. 이러한 연출은 첫 화면에서부터 미세먼지 발생 현상을 직관적으로 전달함으로써, 플레이어가 게임의 주제를 즉각적으로 인식할 수 있도록 설계된 것이다.

[그림 20] 게임 초기화면

두 번째 화면 [그림 21]은 'WUMAI' 게임의 개인정보 입력 화면으로 언어 선택 및 음소거 설정 기능을 포함하고 있다. 이 단계에서 수집되는 정보는 게이머의 닉네임, 성별, 학년으로 제한된다. 이는 개인정보 보호 원칙을 고려하여 실명 대신 아이디(닉네임)를 입력하도록 설계한 것이다. 또한, 본 실험의 목적이 초등학생 저학년과 고학년 집단을 구분하여 비교·분석하는 데 있으므로 나이 대신 학년을 기입하도록 하였다.

  사용자가 해당 정보를 입력한 뒤 '완성' 버튼을 누르면 입력 과정이 종료되고 다음 화면으로 자동 전환된다. 이러한 설계는 개인정보 보호와 연구 목적을 동시에 충족시키며, 사용자 친화적 환경을 제공한다는 점에서 의의를 갖는다.

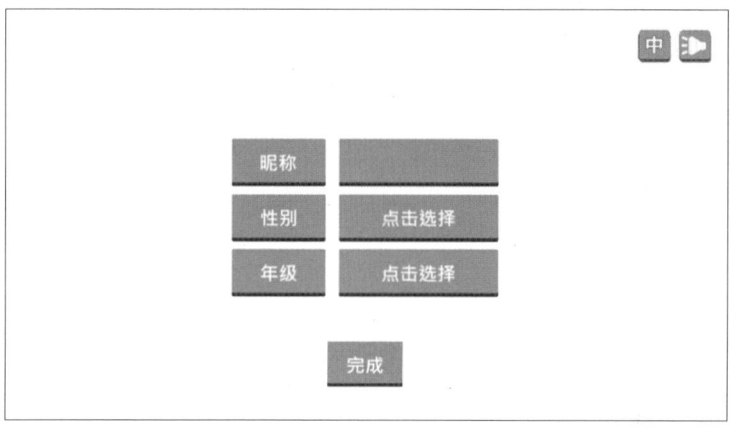

[그림 21] 개인정보 입력 화면

② 개임 선택화면

  게임 선택 화면 [그림 22]에는 총 6개의 게임이 제시되며 플레이는 정해진 순서에 따라 단계적으로 진행되도록 설계되어 있다. 각 게임의 접근 가능 여부는 화면 색상과 아이콘으로 구분된다. 즉, 도전 가능한 게임은 컬러 화면으로 활성화되어 표시되며 아직 잠금 상태에 있는 게임은 회색 처리와 함께 자물쇠 아이콘으로 표현된다.

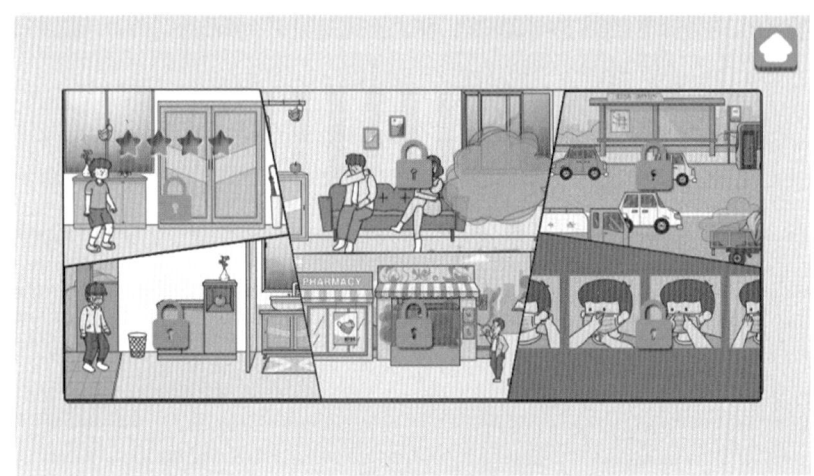

[그림 22] 게임 선택 화면

플레이어는 첫 번째 게임을 완료한 후 성과를 평가받게 되며 획득한 별의 개수에 따라 다음 단계 진입 여부가 결정된다. 별 0~2개를 획득할 경우 도전 실패로 간주되어 동일 게임을 재도전해야 한다. 반대로 별 3~4개를 획득할 경우 도전 성공으로 판정되며, 이후 단계의 게임이 잠금 해제되어 플레이를 이어갈 수 있다. 자물쇠 아이콘이 다 열리면 원하는 게임을 자유롭게 할 수 있다.

이와 같은 별 기반 평가 및 잠금 해제 구조는 플레이어의 성취도를 시각적으로 확인할 수 있도록 하고 단계적 학습 및 도전 욕구를 자극하는 교육적 장치로 기능한다.

③ 게임 1 화면

게임 1[그림 23]은 미세먼지와 초미세먼지 환경에서 안전한 외출 방법을 학습하도록 설계된 단계이다. 미세먼지가 심한 날에는 대기 중 유해 물질이 노출된 피부에 각종 피부 질환이나 알레르기 반응이 발생할 수 있기 때문에 외출 시 신체를 최대한 보호하는 것이 필수적이다. 이를 반영하여 게임은 주인공이 현관에서 외출 준비를 하는 상황으로 설정되었으며 플레이어는 주어진 공간 속에서 숨겨진 아이템을 찾아 올바르게 착용해야 한다. 선택 가능한 아이템 가운데 정답은 창문에 걸려 있는 마스크, 옷장 속에 보관된 긴팔 상의와 긴 바지, 그리고 모자이다. 이들을 모두 착용한 경우에만 외출이 성공적으로 완료된다.

[그림 23] 게임1 화면과 화면 속 아이템

또한 시각적 환경을 고려한 학습 요소도 포함되어 있다. 미세먼지로 인해 대기의 가시도가 현저히 낮아지기 때문에 선글라스보다는 일반 안경을 착용하는 것이 실제 상황에서 더 효과적임을 제시한다. 반대로 쌍절곤, 슬리퍼, 우산과 같은 선택지는 미세먼지 예방과 직접적인 관련이 없으며 잘못된 선택임을 학습자가 스스로 인식하도록 구성되었다. 이와 같이 게임은 단순한 아이템 선택을 넘어, 미세먼지 환경에서 개인 보호를 위한 구체적이고 올바른 생활 습관을 체득할 수 있도록 교육적 의도를 담고 있다.

④ 게임 2 화면

게임 2[그림 24]는 미세먼지 및 초미세먼지 환경에서 외부 활동을 마친 뒤 가정에 들어왔을 때 가장 먼저 수행해야 할 올바른 행동을 학습하도록 설계되었다. 미세먼지가 심한 날에는 외부 공기 중에 포함된 다량의 미세먼지가 의복, 머리카락, 피부 표면 등에 쉽게 부착된다. 이러한 오염 물질을 그대로 실내로 들여올 경우, 개인의 건강뿐만 아니라 가족 구성원들의 호흡기 및 피부 건강에도 부정적인 영향을 미칠 수 있다. 따라서 외부에서 집에 들어왔을 때는 신체에 부착된 미세먼지를 가능한 한 빠르게 제거하는 과정이 필요하다.

게임에서는 주인공이 집에 들어온 상황에서 여러 가지 선택지를 제시하고 그중 올바른 행동을 순서대로 수행하도록 요구한다. 정답에 해당하는 올바른 행동은 다음과 같다. 외부 공기와의 유입을 차단하기 위해 반드시 현관문을 닫는다. 외부 활동 중 미세먼지가 다량으로 부착된 겉옷을 벗어 실내로의 확산을 방지한다. 호흡기를 보호하기 위해 착용했던 마스크는 쓰레기통에 올바르게 폐기한다. 손에 남아 있을 수 있는 미세먼지를 제거하기 위해 반드시 핸드워시를 사용하여 손을 깨끗이 씻는다. 이러한 일련의 과정은 미세먼

[그림 24] 게임2 화면과 화면 속 아이템

지를 실내로 유입시키지 않고 개인위생을 철저히 관리하는 데 핵심적인 절차이다.

반면 잘못된 선택지에는 다음과 같은 행동이 포함된다. 마스크를 아무 곳에나 버리는 행위는 2차 오염을 일으킬 수 있으며 겉옷을 벗지 않고 실내

활동을 하는 것은 미세먼지 확산을 가속화한다. 또한 손을 씻지 않은 채 음식을 섭취하는 것은 체내로 오염 물질이 직접 유입되는 경로가 될 수 있다. 마지막으로, 단순히 물로만 손을 씻는 행위는 부착된 미세먼지를 충분히 제거하지 못하므로 바람직하지 않다.

이와 같이 게임 2는 일상생활 속에서 미세먼지에 노출된 이후 개인이 취해야 할 올바른 위생 관리 절차를 단계적으로 체득하도록 돕는다. 단순한 행동 선택을 넘어, 잘못된 습관과 올바른 습관을 명확히 대비시켜 제시함으로써 학습자가 실제 생활에서도 올바른 행동을 자연스럽게 실천할 수 있도록 교육적 효과를 극대화하였다.

⑤ 게임 3 화면

게임 3[그림 25]은 미세먼지 및 초미세먼지 환경에서 가정 내에서의 올바른 예방 방법을 학습하도록 설계되었다. 미세먼지가 심한 날에는 외부 오염 물질이 창문이나 출입문을 통해 실내로 유입될 가능성이 높기 때문에 무엇보다도 외부와의 차단이 우선적으로 이루어져야 한다. 따라서 첫 번째 단계로는 창문을 닫아 외부 공기의 직접적인 유입을 차단하는 것이 필요하다. 이어서 호흡기 보호를 위해 마스크를 착용하는 것이 권장되며, 실내 환경에 이미 유입된 먼지를 줄이기 위해 바닥과 가구 표면을 청소하여 청결을 유지하는 것이 중요하다. 또한 공기청정기를 가동하여 공기 중에 부유하는 미세먼지를 제거하면, 장기적인 노출로 인한 건강 피해를 예방할 수 있다.

[그림 25] 게임3 화면과 화면 속 아이템

이 게임에서는 위와 같은 행동을 올바른 선택지로 제시하며, 플레이어가 이를 통해 일상생활 속 실질적인 예방 습관을 체득하도록 유도한다. 반대로 잘못된 선택지에는 창문을 닫지 않고 커튼을 치는 행위, 사과를 먹는 행위, 혹은 긴팔 옷과 긴 바지를 착용하는 행위 등이 포함된다. 이러한 행동들은 일반적인 생활 습관이나 건강 관리 차원에서는 의미가 있을 수 있으나, 미세먼지로부터 실내 환경을 개선하는 데에는 직접적인 예방 효과를 제공하지 못한다. 따라서 게임은 이러한 잘못된 행동을 의도적으로 포함시켜 학습자가 옳고 그른 예방 행동을 구분할 수 있도록 설계되었다.

게임 3의 교육적 의의는 단순히 지식을 전달하는 데 그치지 않고, 미세먼지 상황에서 가정 내에서 실천 가능한 구체적이고 효과적인 대응 방법을 체험적으로 학습하게 한다는 점에 있다. 학습자는 이를 통해 외부 활동뿐만 아니라 가정환경에서도 적절한 예방 행동을 수행해야 함을 인식하고, 나아가 생활 속 건강관리 습관을 체계적으로 형성할 수 있다.

⑥ 게임 4 화면

게임 4[그림 26]는 현대 도시 생활 속 길거리, 식당, 가정 등 다양한 공간에서 인위적으로 발생하는 연기와 미세먼지에 노출된 환경을 구현하였다. 인근 식당에서 발생하는 직화 구이의 연기, 가정용 주방에서 조리 중 발생하는 기름 연기 등이 주요한 공기 오염원으로 작용한다. 이러한 유해 연기들은 호흡기를 통해 체내로 유입되며, 신체 내부에서 완전히 분해되지 않아 장기적으로 호흡기계, 심혈관계 및 면역계 건강에 부정적인 영향을 미칠 수 있음이 다양한 연구에서 보고되고 있다.

[그림 26] 게임4 화면과 화면 속 아이템

따라서 일상생활에서 이러한 환경적 위험 요인으로부터 건강을 보호하기 위해서는 체계적이고 실천 가능한 대응 방안이 필요하다. 길거리 이동 시에는 입자성 물질의 흡입을 최소화하기 위해 반드시 마스크를 착용하는 것을 권장하며, 이는 개인 건강 보호를 위한 가장 기본적인 예방 조치로 간주된다. 또한 식당에서는 조리 과정 중 발생하는 유해 연기가 실내 공기 중에 잔류하지 않도록 주방 후드를 반드시 가동해야 하며, 가정에서도 동일하게 조리 시 주방 후드를 작동시켜 유연이 실내에 체류하는 것을 방지해야 한다.

한편, 담배 연기 역시 주변 사람들에게 심각한 건강 위험을 초래하는 중요한 요인이다. 따라서 흡연은 반드시 지정된 장소에서 이루어져야 하며, 이를 통해 흡연자뿐만 아니라 비흡연자에 대한 간접흡연 노출을 최소화하는 것이 공공보건 측면에서 매우 중요한 과제로 여겨진다. 또한, 주방 내 유연 농도가 높은 상황에서 창문을 닫고 조리를 지속하는 경우, 실내 공기 중 유해 물질이 체류하게 되어 건강에 더욱 악영향을 미칠 수 있으므로 적절한 환기 조치를 병행하는 것이 필수적이다.

결론적으로 길거리, 식당, 가정 등 일상생활 공간에서 발생하는 다양한 형태의 유해 연기와 입자성 물질에 대한 이해와 예방적 관리 전략은 단순한 생활 습관의 개선을 넘어, 개인 건강 보호와 공공보건 향상에 기여하는 중요한 과학적 근거가 된다. 이에 따라 마스크 착용, 주방 후드 사용, 적절한 환기, 흡연 장소 제한 등은 단순 권장 사항이 아니라, 실질적이고 효과적인 건강 보호 조치로서 생활 속에서 적극적으로 실천되어야 한다.

⑦ 게임 5 화면

게임5 [그림 27]은 현대 도시 거리 환경을 재현하며 다양한 교통수단이 제공하는 편리성과 동시에 자동차 배출 매연이 공기 오염에 미치는 영향을 보여준다. 본 게임은 플레이어가 도시 도로에서 발생하는 자동차 매연을 줄이고 대기질을 개선하기 위한 전략과 방법을 학습하도록 설계되었다.

[그림 27] 게임5 화면과 화면 속 아이템

 도로에 차량이 많으면 배출되는 매연량이 증가하여 도시 대기질이 악화되고 도로를 이용하는 행인들의 건강에도 부정적인 영향을 미친다. 특히 미세먼지 농도가 높은 날에는 대중교통 이용이 가장 효과적인 대책으로 권장된다. 시민들이 대중교통을 이용하면 도로 위 차량 수가 줄어들고 이에 따라 배기가스 배출과 대기 오염 수준도 함께 완화된다.

5장 'WUMAI' 게임 개발 이야기

또한, 도심을 운행하는 화물 트럭이나 폐기물 운반 차량이 적재물을 덮지 않으면 먼지가 도로로 떨어져 미세먼지 농도를 높일 수 있다. 따라서 적재물 덮개를 철저히 사용하여 분진 발생을 최소화하는 것이 중요하다. 아울러, 미세먼지가 심한 날에는 청소차가 도로에 물을 뿌려 공기 중 먼지를 가라앉히는 방식도 대기질 개선에 효과적인 방법으로 활용될 수 있다.

결론적으로 자동차 매연과 미세먼지 문제에 대한 이해와 이를 완화하기 위한 전략은 도시 환경 관리와 개인 행동 선택의 상호작용을 통해 실현될 수 있다. 대중교통 이용 촉진, 도로 청소, 먼지 저감 조치, 적절한 화물 관리 등은 단순한 권장 사항이 아니라, 과학적 근거에 기반한 현대 도시 생활 필수 전략으로 평가될 수 있으며, 시민의 환경 친화적 행동을 촉진하는 교육적 도구로서도 활용 가능하다.

⑧ 게임 6 화면

게임6 [그림 28]은 마스크 착용 방법을 교육하는 내용으로 구성되어 있다. 마스크 착용은 공기 오염 속에서 자신을 보호할 수 있는 가장 직관적인 방법이다. 공기 중에는 미세먼지뿐만 아니라 다양한 바이러스가 존재하므로 올바른 마스크 착용은 건강 보호에 매우 중요하다. 특히 올바르게 착용한 마스크는 미세먼지가 호흡기로 유입되는 것을 효과적으로 차단할 수 있지만, 잘못 착용할 경우 오히려 미세먼지를 그대로 흡입하게 되어 건강에 위험을 초래할 수 있다.

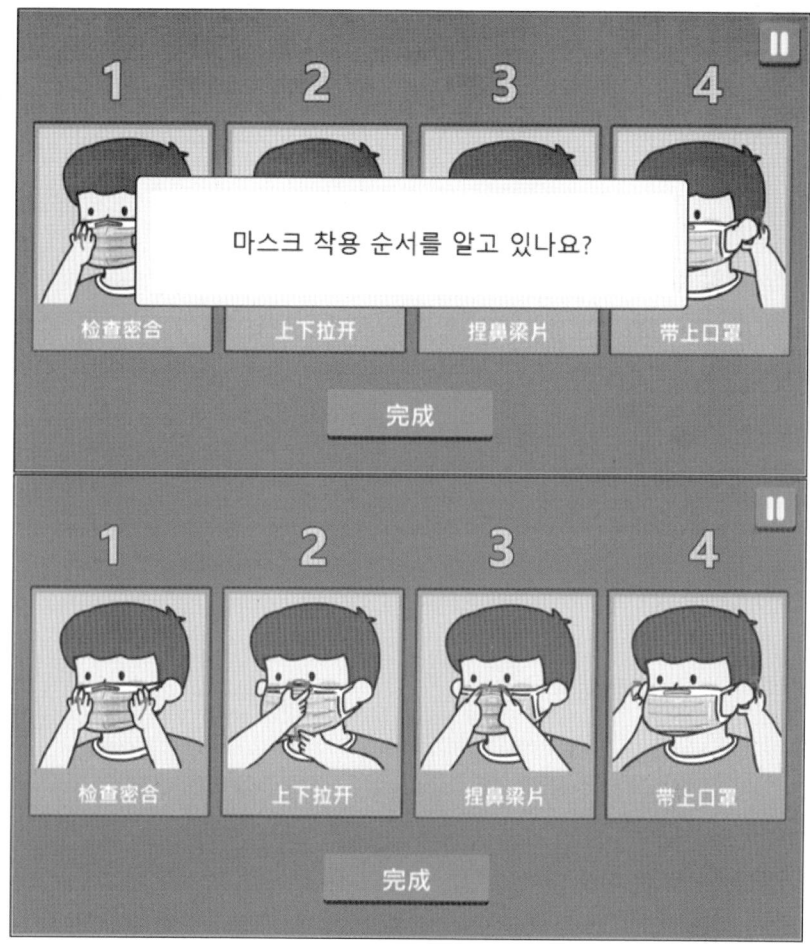

[그림 28] 게임6 화면과 화면 속 아이템

본 게임은 다른 게임과 달리, 마스크 착용 순서를 올바르게 배열하는 방식으로 진행된다. 올바른 착용 순서는 다음과 같다. 먼저 마스크를 착용한 뒤, 코와 턱 아래를 덮도록 위치를 조정한다. 그 다음, 코 부분을 얼굴에 밀착시키고, 마지막으로 손으로 코와 얼굴 주변을 확인하여 공기가 새지 않는지 점검

한다.

이 과정을 통해 플레이어는 마스크를 올바르게 착용하는 방법을 직관적으로 학습할 수 있으며, 개인 위생과 공공 건강 보호의 중요성을 체험할 수 있다.

⑨ 게임 성공 및 실패 화면

본 게임은 도전 요소를 강화하기 위하여 별(Star) 제도를 도입하였다. 플레이어의 성과는 게임 종료 후 별의 개수로 평가되며 이는 다음 단계로의 진행 여부를 결정하는 핵심 지표로 적용한다.

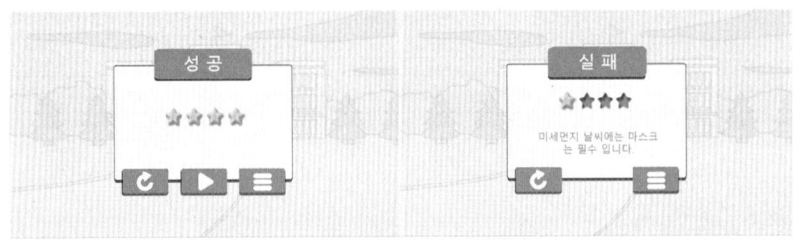

[그림 29] 도전 성공화면   [그림 30] 도전 실패화면

플레이 성과에 따른 화면 구성은 다음과 같다. 우선, 별 3개 이상(3~4개)을 획득할 경우 도전 성공으로 간주되며 플레이어는 다음 게임으로 진행할 수 있다. 이때 화면에서는 "재도전", "다음 게임"의 두 가지 메뉴가 제공되어 플레이어가 자유롭게 선택할 수 있다.

반면, 별 0~2개를 획득할 경우 도전 실패로 판정되며 플레이어는 다음 게임으로 이동할 수 없다. 대신 "재도전" 또는 "게임 선택" 화면으로 돌아가는 옵션이 제시된다.

따라서 별 제도는 단순한 성과 표시 장치가 아니라 플레이 동기를 자극하고 학습적 피드백을 제공하는 교육적 장치로서 기능한다. 이는 플레이어가 반복 도전을 통해 점진적으로 성취감을 느끼고 게임 내 학습 목표를 체계적으로 달성할 수 있도록 돕는 중요한 메커니즘이다.

⑪ **설문조사 화면**

본 연구에서 활용한 설문지는 총 5문항으로 구성되며 크게 두 부분으로 구분된다. 설문 1·2번 문항은 게임 속에서 플레이어가 수행한 활동을 기반으로 하여 참가자의 기억력 및 학습 내용 재현 능력을 측정하도록 설계되었다. 반면, 설문 4·5번 문항은 게임 내에 직접 포함되지 않은 미세먼지 관련 일반 지식을 다루고 있으며, 이를 통해 게임 외적 맥락에서의 이해 수준을 평가하고자 하였다.

또한, 설문 3·4·5번 문항은 플레이어의 미세먼지에 대한 전반적 이해력을 측정하는 데 중점을 두었다. 이러한 설문 구조는 게임 경험을 통한 학습 효과와 더불어, 참가자의 환경 지식 수준을 다각도로 분석할 수 있도록 고안되었다.

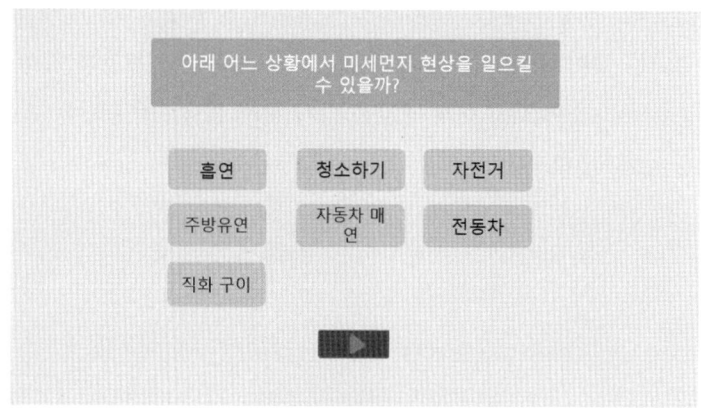

[그림 31] 설문조사1 화면

설문1에서는 아래 어느 상화에서 미세먼지 현상을 일으킬 수 있는 지에 대해 질문을 하였으며 게임 4.5에 대한 내용이다. 미세먼지 현상을 일으킬 수 있는 것은 흡연, 주방유연, 직화 구이, 자동차 매연이다.

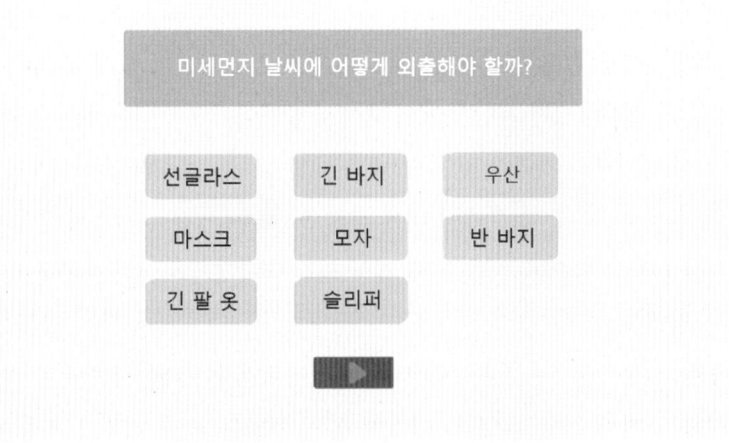

[그림 32] 설문조사2 화면

설문2에서는 미세먼지 날씨에 어떻게 외출을 하여야 하는지에 대한 질문이다. 설문2는 게임1에 대한 내용이다. 미세먼지 날씨에는 외출 자제와 활동량을 줄이는 것이 좋지만 외출을 해야 할 경우에는 자기보호를 해야 하는 것이 중요 하다고 생각을 해서 질문을 다시 하게 되었으며 정답은 긴 바지, 마스크, 모자, 긴팔 옷이다.

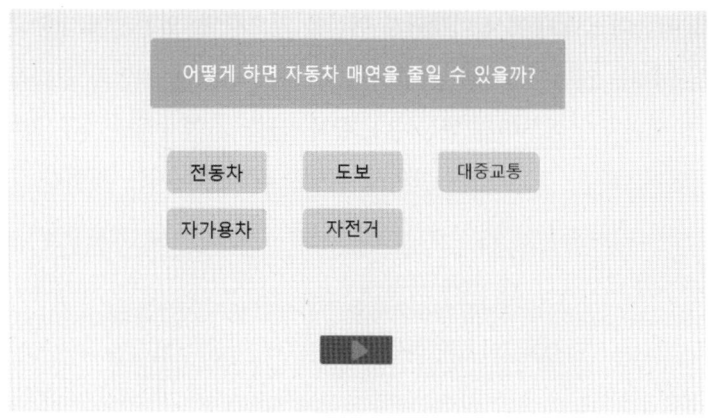

[그림 33] 설문조사3 화면

질문3은 어떻게 하면 자동차 매연을 줄일 수 있을지에 대한 질문이다. 도로의 미세먼지는 주로 출퇴근 때 차량들이 많이 막혀있어 자동차가 가스를 배출하여 생기는 것이다. 짧은 거리는 대중교통으로 이동하여 도로 부담을 들어주며 전동차, 자전거 혹은 도보로 이동하면 친환경이다. 그래서 전동차, 도보, 대중교통, 자전거를 선택하여야 한다.

[그림 49] 설문조사4 화면

5장 'WUMAI' 게임 개발 이야기

질문4는 어느 상황에서 미세먼지 현상을 일으킬 수 있는지에 대한 질문이다. 질문4에는 게임에서 표현된 부분은 아니지만 자연적 원인과 인위적 원인으로 미세먼지가 이루어진 현상이다. 황사, 산불, 자연재해로 자주 일어나며 건축 먼지, 폭주, 짚 연소는 인위적 원인으로 이루어지는 것이다.

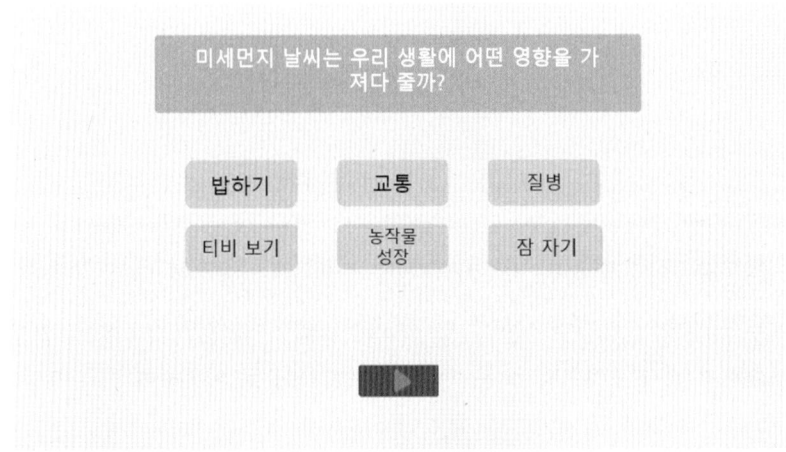

[그림 35] 설문조사5 화면

질문5는 미세먼지 날씨는 우리 생활에 어떤 영향을 가져다주는지에 대한 질문이다. 미세먼지로 인해 도로, 철도, 항공에 피해가 있으며 오랜 시간의 광합 작용을 못하면 농작물의 성장에도 피해가 간다. 그리고 우리 건강도 큰 피해를 얻게 된다. 교통, 질병, 농작물 성장을 선택하여야 한다. 설문조사가 끝나면 다시 게임선택화면으로 돌아갈 수 있다.

6장

실험 결과와 분석

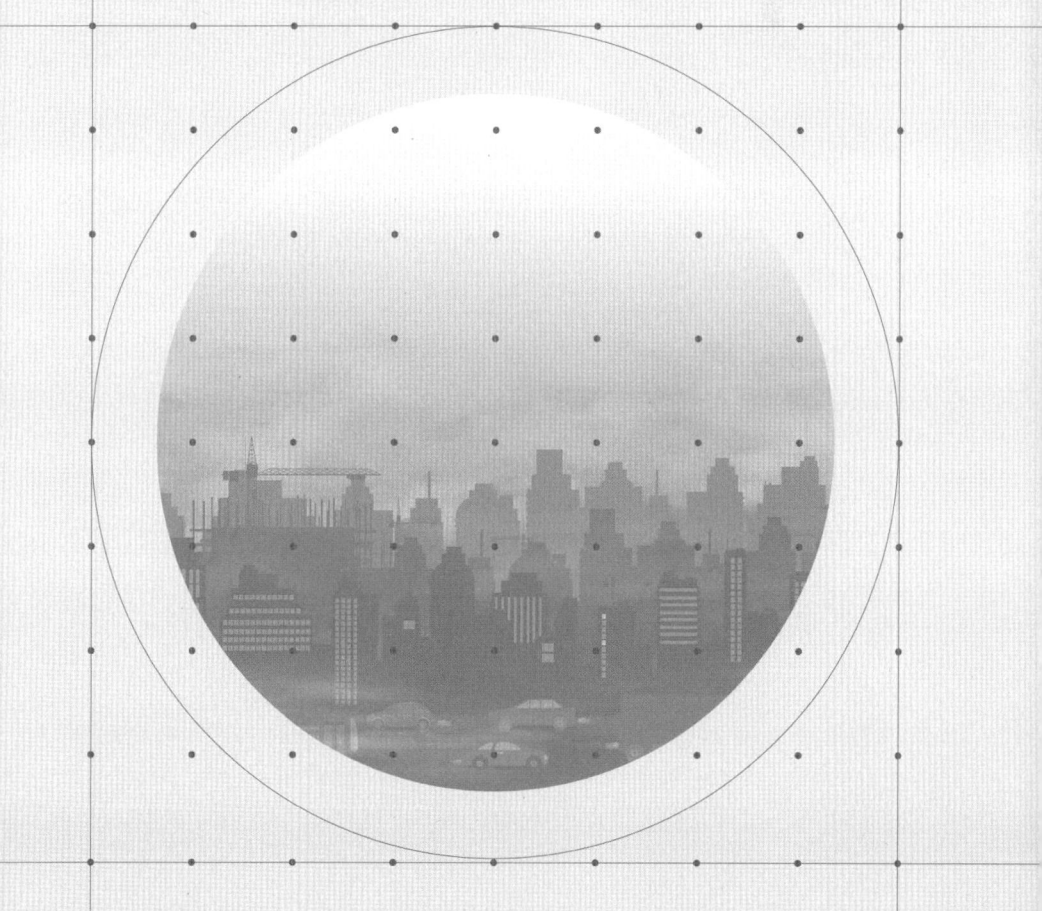

본 연구는 초등학교 6년제를 기준으로 만 6세에서 13세 어린이를 대상으로 진행하였다. WHO 기준에 따라 소아·아동(1~9세)과 청소년(10~19세)으로 구분하며, 피아제(Piaget)의 인지발달 이론에 따르면 인간의 인지 발달은 감각운동기, 전조작기, 구체적 조작기, 형식적 조작기의 네 단계로 나뉘고, 구체적·형식적 조작기는 각각 7~11세와 11~16세로 초등학생 연령이 포함된다. 이에 본 연구에서는 초등학생을 1~4학년(6~11세) 저학년과 5~6학년(11~13세) 고학년으로 나누어 연구를 진행하였다.

1. 실험용 'WUMAI' 게임 데이터 도출방법

본 실험의 결과 도출은 크게 두 개 부분으로 나누어 진행하였다. 첫째는 게임 플레이 데이터이다. WUMAI 게임은 6개의 소규모 게임으로 구성되며 반복 학습 효과를 검증하기 위해 3스테이지를 완성한 사례를 기준으로 분석하였다. 3스테이지를 완성하지 못한 플레이 데이터는 신뢰도가 낮아 분석 대상으로 포함하지 않았다. 둘째는 게임 종료 후 실시된 설문조사 데이터이다. 설문조사는 총 5개 문항으로 구성되었으며 이 중 3개 문항은 게임 내 학습 내용과 직접적으로 연계된 항목으로 게임 플레이 과정에서의 미세먼지 관련 인지도 변화를 검증하기 위한 것이다. 나머지 2개는 게임 외부의 미세먼지 관련 지식을 확인하기 위한 문제였다. 이에 따라 최종적으로 50명의 참여자 데이터를 분석 대상으로 확정하였으며, 집단은 저학년 22명, 고학년 28명으로 구분되었고 성별은 여학생 23명, 남학생 27명으로 구성되었다. 분석에 활용된 데이터 항목은 참여자의 기본 정보(이름, 성별, 학년), 게임 플레이와 관련된 지표(플레이 횟수, 별 획득 수), 그리고 설문조사 응답 결과로 도출하였다.

1) 실험용 'WUMAI' 게임 플레이부분 데이터 도출

[표 6]은 게임 플레이 데이터의 분석결과를 제시한 것이다. 본 표에서는 50명의 참여자가 3스테이지를 수행한 작은 게임 6개의 평균치를 도출하여 비교 분석하였다. 또한 [표 6]은 50명의 플레이어를 대상으로 각 라운드별(3스테이지) 게임1~6의 평균값을 구하고 이를 종합하여 단계별 차이를 분석함으로써 학습 효과를 검증한 결과를 보여준다. 아울러 [그림 36, 37]은 [표 6]의 분석 결과를 시각화한 도표이다.

[표 6] 각 스테이지의 게임1~6의 평균치 데이터

	게임1	게임2	게임3	게임4	게임5	게임6	총 점수
1라운드	2.34	2.52	3.56	2.36	3.32	2.86	16.96
2라운드	3.52	3.18	3.64	3.16	3.24	3.4	20.14
3라운드	3.7	3.62	3.66	3.28	3.38	3.6	21.24

게임 1, 2, 4, 6의 3라운드 플레이 데이터를 분석한 결과, 교육적 효과가 뚜렷하게 확인되었다. 이들 게임에서는 라운드가 진행될수록 플레이어의 정

답률과 학습 정확도가 점진적으로 향상되는 경향을 보였으며, 이는 게임을 통한 학습 과정에서 인지적 이해와 기억 정착이 효과적으로 이루어졌음을 시사한다. 반면 게임 3과 5는 각 라운드 간의 수치적 차이가 상대적으로 미미하여 단기적인 학습 성취의 변화가 명확하게 나타나지 않았다. 그러나 이는 해당 게임의 난이도와 설계 구조와도 관련이 있는 것으로 보인다.

일반적으로 단기 기억이 장기 기억으로 전환되기 위해서는 반복적인 노출과 강화 학습이 필수적이다. 이러한 인지적 전이 과정의 관점에서 볼 때, 게임 1, 2, 4, 6은 다소 높은 난이도를 지니고 있음에도 불구하고 반복적인 플레이를 통해 미세먼지 예방 관련 핵심 지식의 장기 기억 정착을 유도한 것으로 해석된다.

반대로 게임 3과 5는 비교적 난이도가 낮고 접근성이 높아 즉각적인 이해가 용이했지만, 그만큼 학습 동기나 몰입의 유지 측면에서는 한계가 있었을 가능성이 있다. 그럼에도 불구하고, 반복 학습을 통해 미세먼지 관련 기본 개념의 인식과 암기력 향상에는 기초적 수준의 교육적 효과가 존재한 것으로 판단된다.

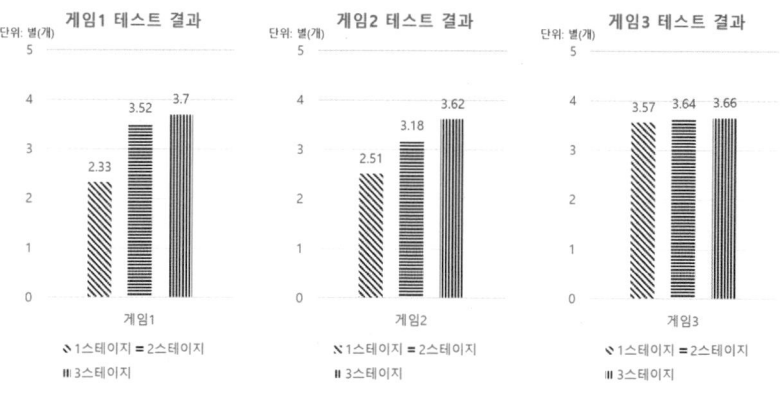

[그림 36] 게임 테스트 1, 2, 3

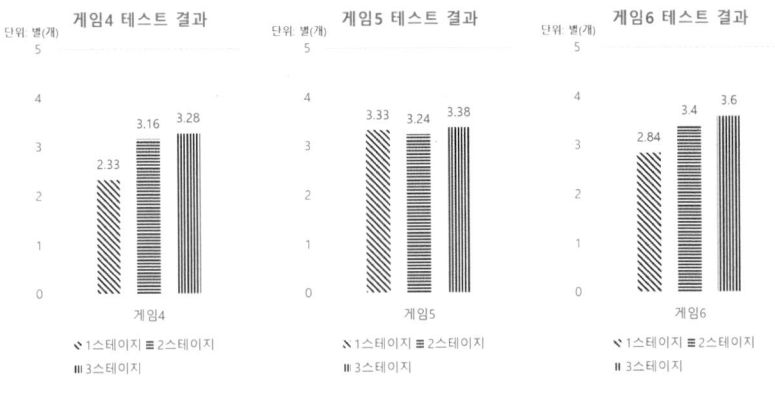

[그림 37] 게임 테스트 4, 5, 6

2) 게임부분-저, 고학년 플레이어 비교분석

[그림 38]과 [그림 39]는 총 50명의 플레이어를 저학년과 고학년으로 구분하여 각 게임을 통해 미세먼지 인지능력의 변화를 분석한 결과를 제시한다.

[그림 38]의 저학년(22명)에서는 1~3스테이지를 거치는 동안 2명의 학생만이 미세먼지 관련 인지능력이 다소 감소하는 경향을 보였으나 나머지 20명은 반복 플레이를 통해 인지능력과 기억력이 향상된 것으로 나타났다. [그림 39]의 고학년(28명)에서도 유사한 경향이 관찰되었다. 2명을 제외한 26명의 학생이 스테이지 진행에 따라 미세먼지 인지능력이 점진적으로 향상되었으며 이는 게임 내 반복 학습 효과가 학년 수준과 관계없이 유사하게 작용했음을 시사한다.

종합적으로 두 그림의 결과를 통해 대부분의 학습자가 반복적인 게임 플레이를 통해 미세먼지 인식 및 관련 지식의 기억력을 점차적으로 강화하고 있음을 확인할 수 있었다.

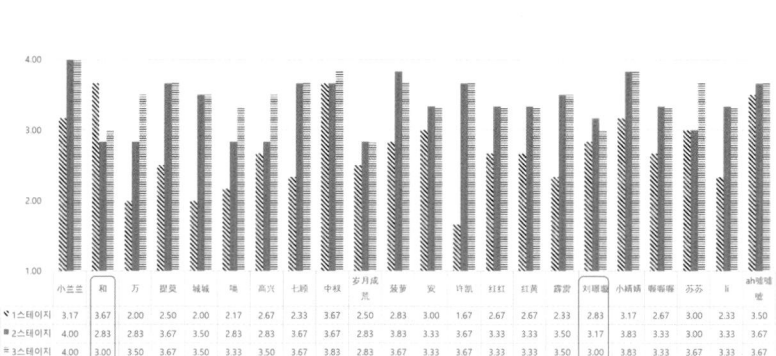

[그림 38] 저학년 'WUMAI' 게임 플레이어 1~3스테이지 결과-게임부분

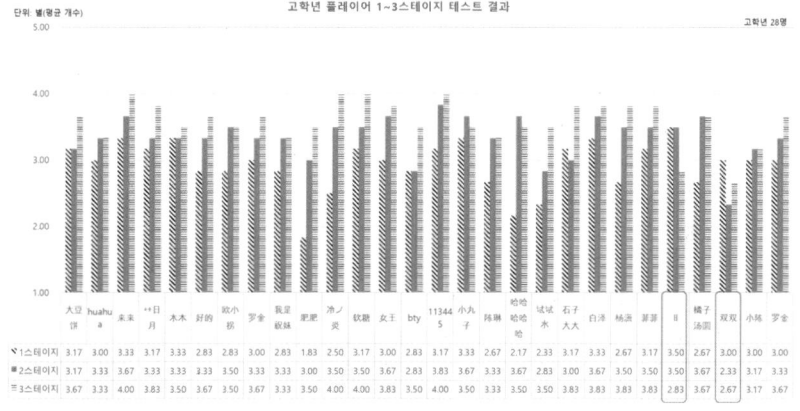

[그림 39] 고학년 'WUMAI' 게임 플레이어 1~3스테이지 결과-게임부분

3) 게임부분-저, 고학년 각 라운드 평균치 비교분석

　선행연구에 따르면 인지능력의 발달은 나이에 따라 차이를 보이기 때문에 본 연구에서도 이를 고려하여 저학년과 고학년으로 구분해 비교분석을 실시

하였다.

　기억력 또한 나이에 따라 차이가 있을 거라 예상되었으나 [표 7]을 봤을 때 각 스테이지별(게임6 평균치) 저학년과 고학년 간의 뚜렷한 차이는 도표상에서 확인되지 않았다. [그림 40~42]는 [표 7]의 시각화 해석도이다.

　그러나 세부 수치를 살펴보면 1스테이지에서 저학년(16.18)보다 고학년(17.49)이 높았고, 2스테이지에서 저학년(20.18)이 고학년(20.11)보다 미미하게 높았으며, 3스테이지에서 다시 저학년(20.87)보다 고학년(21.54)이 높은 수치를 보였다.

　이러한 결과는 전반적으로 고학년의 기억력이 저학년보다 다소 우세함을 보여주며, 학년이 높을수록 정보의 이해 및 저장 능력이 향상된다는 점을 확인할 수 있다. 또한, 이러한 경향은 게임 내 반복 학습과 연계하여 장기 기억으로의 전환 과정에서도 나이별 차이가 일정 부분 반영될 가능성을 보였으며 교육적 설계 시 학년별 학습 전략을 달리 적용할 필요성을 보여주었다.

[표 7] 저, 고학년 'WUMAI' 게임 각 스테이지 비교분석-게임부분

		게임1	게임2	게임3	게임4	게임5	게임6	총점
1스테이지	저학년	2.05	2.27	3.41	2.36	3.36	2.73	16.18
	고학년	2.56	2.70	3.70	2.30	3.30	2.93	17.49
2스테이지	저학년	3.5	3.18	3.64	3.18	3.32	3.36	20.18
	고학년	3.54	3.18	3.64	3.14	3.18	3.43	20.11
3스테이지	저학년	3.45	3.55	3.64	3.18	3.32	3.73	20.87
	고학년	3.89	3.68	3.68	3.36	3.43	3.5	21.54

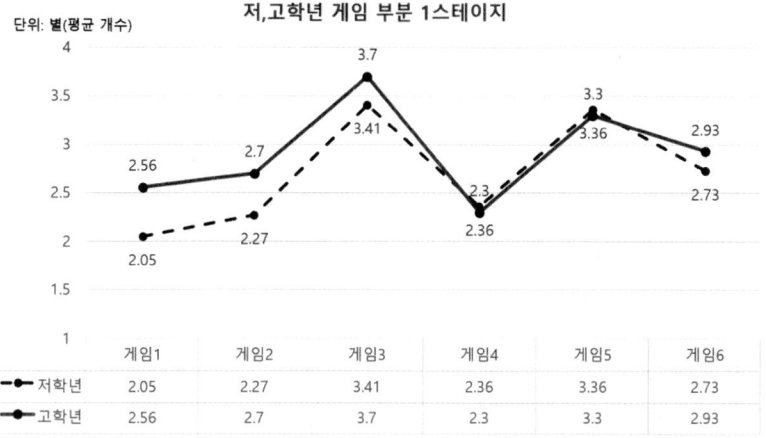

[그림 40] 1스테이지-저, 고학년 게임 부분

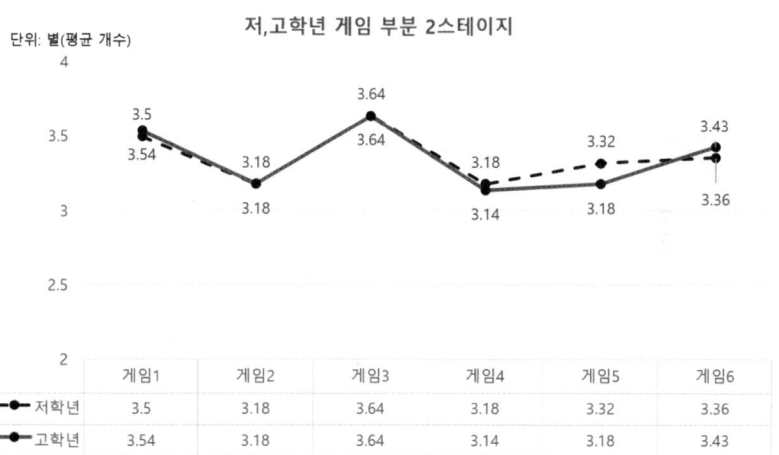

[그림 41] 2스테이지-저, 고학년 게임 부분

6장 실험 결과와 분석 119

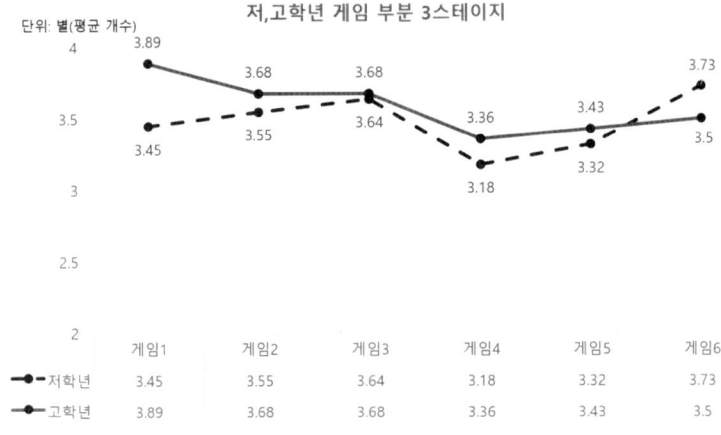

[그림 42] 3스테이지-저, 고학년 게임 부분

4) 설문조사부분- 문제1, 2 정, 오답 데이터 비교분석

게임 플레이를 통해 플레이어들의 기억력을 평가할 수 있는 반면, 설문조사를 통해서는 플레이어들이 게임에서 어느 정도 지식을 인지하였는지를 확인할 수 있다. 설문조사는 총 5개의 문항으로 구성되며 두 부분으로 나누어 진행되었다.

첫 번째 부분(문항 1~2)은 게임에 포함된 미세먼지 관련 지식과 연계되어 있으며 이를 통해 플레이어의 기억력과 학습 효과를 추가로 검증할 수 있다.

두 번째 부분(문항 3~5)은 게임 내에는 포함되지 않은 미세먼지 관련 지식으로 구성되어, 플레이어가 게임을 통해 지식을 얼마나 이해하고 일반화할 수 있었는지를 평가하는 데 목적이 있다.

또한, 설문조사는 플레이어의 이해도를 정확히 측정하기 위해 설문 완료 후에도 정답을 제공하지 않았다.

[표 8]은 [그림 43~45]와 동일한 내용을 보여주며 게임 테스트가 종료된

직후 진행된 설문조사 결과를 정리한 것이다. [표 8]은 설문 문항 1과 2에 대한 정답과 오답 선택 상황을 나타낸다. 50명의 설문 참여자 결과를 보면 8개의 정답 선택률은 각 스테이지 마다 진행됨에 따라 점차 상승하였고 3스테이지에서 거의 100%에 도달하였다. 반면, 오답 선택률은 스테이지별로 점차 감소하였으나 '청소하기'와 '선글라스 착용'은 상대적으로 높은 선택률을 보였다.

[표 8] 설문조사 - 문제1, 2의 정, 오답 데이터 비교분석

		흡연	주방 유연	자동차 매연	직화 구이	긴 바지	마스크	모자	긴팔 옷
정답	1스테이지	40	43	47	44	47	46	43	45
	2스테이지	46	46	47	45	49	48	46	48
	3스테이지	48	50	50	50	50	50	48	49
		청소 하기	자전거1	전동차1	선글 라스	우산	반바지	슬리퍼	
오답	1스테이지	12	4	3	21	4	3	2	
	2스테이지	15	4	8	20	7	4	1	
	3스테이지	12	0	4	11	1	0	0	

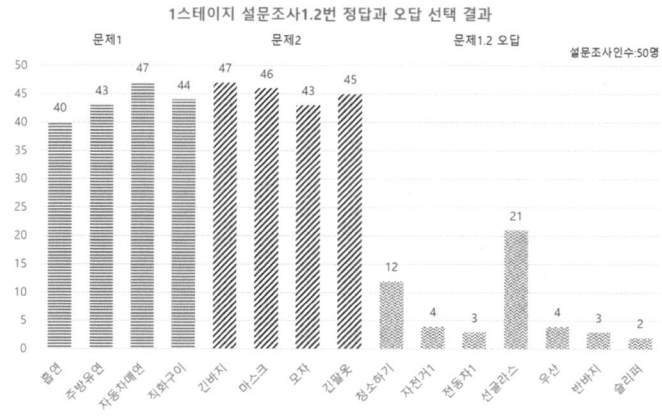

[그림 43] 1스테이지-설문조사 문제1, 2 정답과 오답

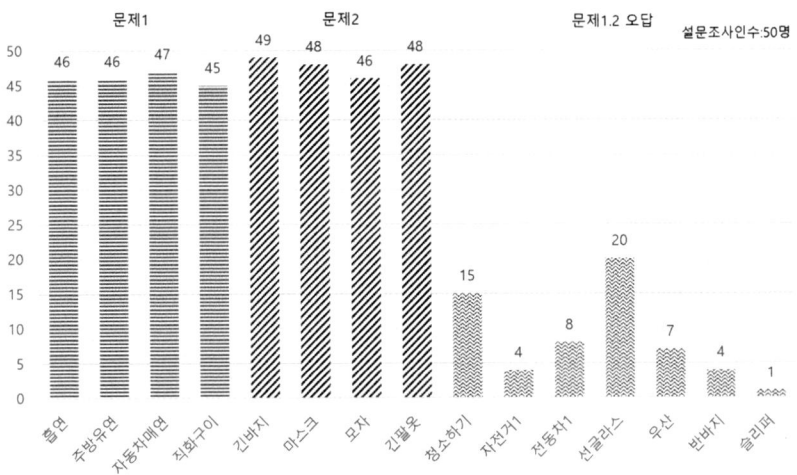

[그림 44] 2스테이지-설문조사 문제1, 2 정답과 오답

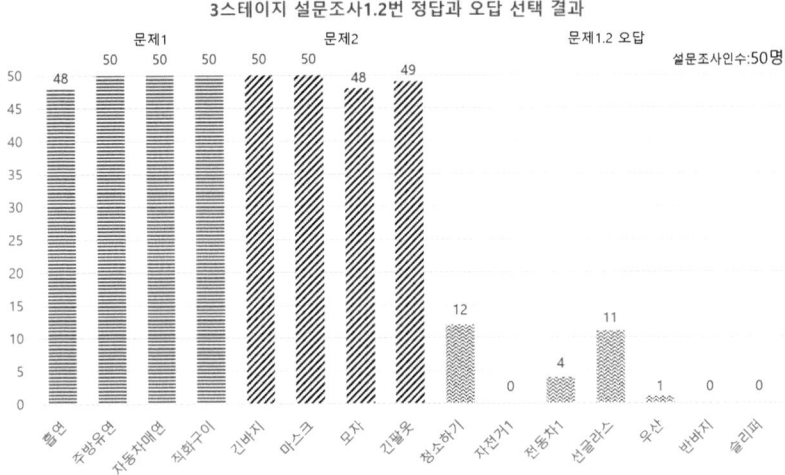

[그림 45] 3스테이지-설문조사 문제1, 2 정답과 오답

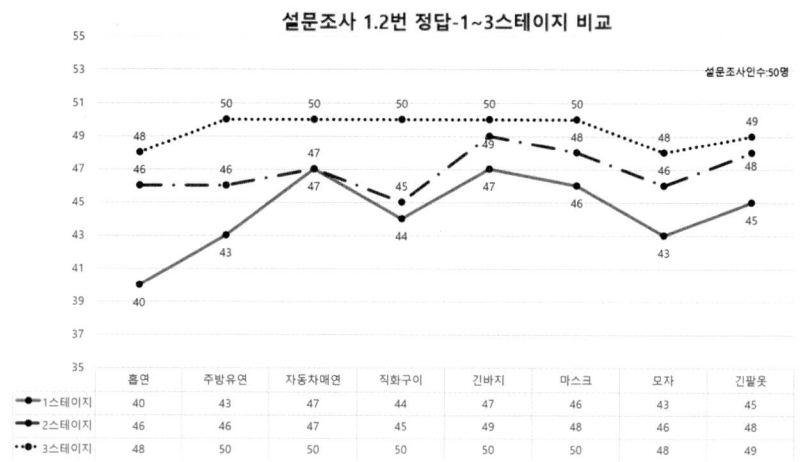

[그림 46] 3스테이지-설문조사 문제1, 2의 정답 비교분석

　　게임 테스트를 통해, 반복 플레이가 미세먼지 예방 관련 기억력 향상에 기여함을 확인할 수 있었으며 설문조사를 통해서는 플레이어들이 게임 내용을 얼마나 이해하고 있는지를 다시 평가할 수 있다.

　　[그림 46]은 설문조사 문항 1과 2의 정답 선택률을 각 스테이지별로 비교한 그래프이다. 그래프를 보면 3스테이지를 걸쳐 정답률이 점진적으로 상승하고 있는 것을 확인할 수 있다. 문제 1과 2는 게임 내 내용을 기반으로 하고 있으므로, 설문조사 결과를 통해 반복 플레이가 기억력 향상에 효과적임을 추가적으로 검증할 수 있다.

　　5) 설문조사- 문제3, 4, 5 정, 오답 비교분석

　　게임 플레이를 통해 플레이어들은 미세먼지의 생성 과정, 위험성, 예방 방법 등 기본적인 지식을 습득할 수 있었다. 그러나 본 연구의 최종 목표는 게임에 포함되지 않은 미세먼지 관련 정보까지 플레이어가 얼마나 인지할 수 있는지를 확인하는 데 있다. 이를 위해 설문조사 문제 3, 4, 5는 게임 플레이에 포함되지 않은 내용을 다루었다. [표 9]는 그림 [47~49]와 대응되는 데이터로, 해당 설문 문항에 대한 결과를 나타낸다.

설문조사 문제3, 4, 5는 게임 6개에 포함되지 않은 미세먼지 관련 내용으로 구성되었으나 반복 플레이를 통해 어린이들은 게임 내 학습 내용을 자연스럽게 익히고 관련 현상을 추론할 수 있게 되었다. 즉, 게임을 통한 학습이 단순한 정보 습득을 넘어 게임 외의 미세먼지 발생 현상까지 탐색하고 이해하는 능력으로 확장되었음을 보여준다.

플레이어들의 미세먼지 인지도와 이해력을 평가하기 위해, 설문조사에서는 정답과 오답을 제공하지 않았다. 이를 통해 어린이들이 실제로 게임을 통해 습득한 지식을 얼마나 정확하게 이해하고 있는지를 확인할 수 있었다. 3스테이지의 정답 선택률을 보면, 정확도는 점차 상승하였으며 이는 어린이들의 미세먼지에 대한 이해력과 인지능력이 반복 플레이를 통해 점진적으로 향상되고 있음을 볼 수 있다.

한편, 오답 선택에서는 '산사태'를 선택한 어린이들이 다수 관찰되었다. 산사태는 순간적으로 미세먼지를 발생시킬 수 있으나, 대부분의 먼지는 신속하게 가라앉기 때문에 장기적 영향은 제한적이다. 이러한 선택은 어린이들이 미세먼지의 발생 원인과 영향 정도를 부분적으로만 이해하고 있음을 보여주며, 추가적인 교육적 보완이 필요함을 시사한다.

[표 9] 설문조사 - 1~3스테이지 문제3, 4, 5 비교분석

		전동차2	도보	대중교통	자전거2	황사	산불	건축먼지	폭주	짚연소	교통	질병	농작물성장
정답	1스테이지	33	44	38	44	39	32	42	35	45	38	41	37
	2스테이지	36	47	40	44	44	38	45	37	46	47	47	40
	3스테이지	42	50	41	50	49	45	48	45	48	48	48	46
		자가용차	소나기	폭설	번개	우박	화초심기	농사	산사태	밥하기	티비보기	잠자기	
오답	1스테이지	3	0	2	1	0	1	2	16	11	4	9	
	1스테이지	2	4	5	2	2	4	5	20	14	6	13	
	3스테이지	0	1	4	1	0	3	1	22	15	4	14	

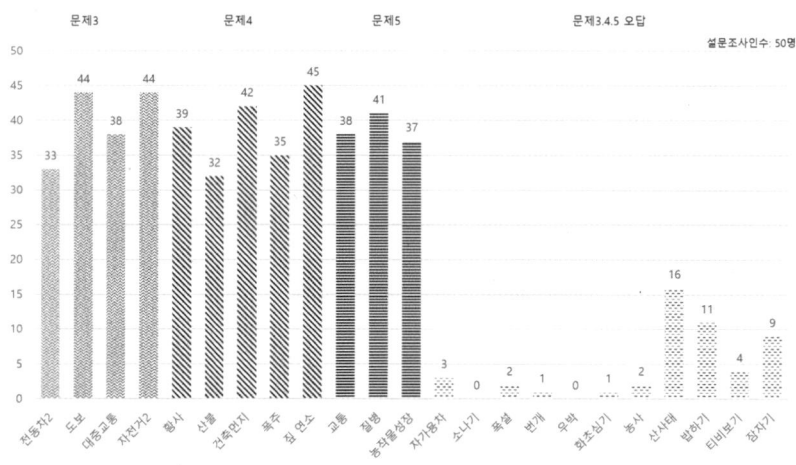

[그림 47] 1스테이지 설문조사 문제3, 4, 5 정답과 오답

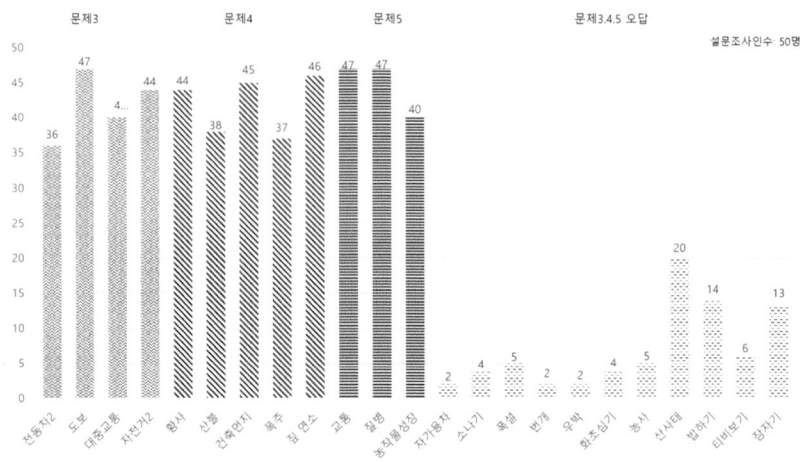

[그림 48] 2스테이지 설문조사 문제3, 4, 5 정답과 오답

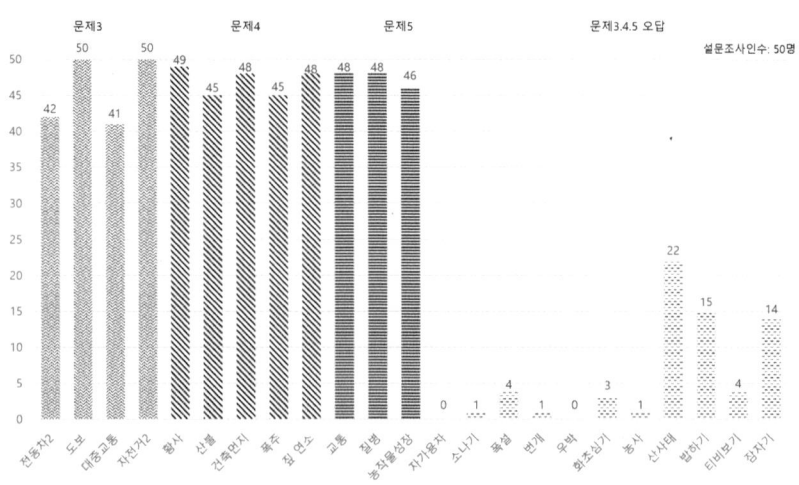

[그림 49] 3스테이지 설문조사 문제3, 4, 5 정답과 오답

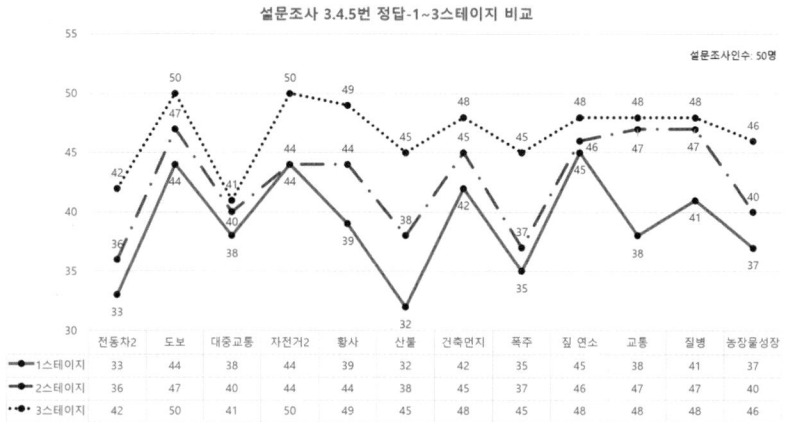

[그림 50] 3스테이지-설문조사 문제3, 4, 5의 정답 비교분석

    [그림 50]는 설문조사 문제 3, 4, 5에 대한 총 정리 그래프이다. 50명의 플레이어는 게임의 반복 플레이를 통해 게임에 대해 기억하고 인지를 하였으며 설문조사 문제 3, 4, 5를 통해 어린이들이 미세먼지에 대한 인지도와 이해를 하고 있다는 것을 알 수 있다. 이에 가설3: '어린이는 미세먼지 예방 게임을 통해 미세먼지 예방에 대한 이해력이 향상될 것이다.'라는 것을 검증할 수 있다.

6) 설문조사 문제1, 2의 3스테이지 비교분석

    [표 10]은 설문조사 문제 1과 2의 결과를 저학년과 고학년으로 나누어 각 스테이지별 평균값을 분석한 것이다. 피아제의 인지발달 4단계를 근거로, 어린이는 성장에 따라 인지 능력과 학습 효과에 차이가 나타날 수 있음을 전제로 하였다. 이에 따라 본 연구에서는 실험 결과를 학년별로 구분하여 비교함으로써, 반복 학습이 학년별 암기력 향상에 미치는 영향을 평가하고자

하였다.

1스테이지에서 저학년(6.51)과 고학년(7.5)의 평균치를 봤을 때 고학년의 암기력이 저학년보다 상대적으로 높은 수준임을 확인할 수 있었다. 2스테이지에서 저학년(7.08)과 고학년(7.76)은 차이는 다소 줄어들었지만 여전히 고학년의 암기력이 우세하였다. 3스테이지에서 저학년(7.75)과 고학년(7.89)은 아주 미세한 차이를 보였다.

이러한 결과는 반복적인 게임 플레이가 어린이들의 기억력과 학습능력을 점진적으로 향상시키는 효과가 있음을 보여준다. 특히, 저학년 어린이도 반복 학습을 통해 고학년 수준에 가까운 암기력을 달성할 수 있음을 확인할 수 있었다. 이는 나이별 초기 인지능력의 차이가 반복 학습을 통해 어느 정도 상쇄될 수 있으며, 학년별 차이를 고려한 교육적 설계가 필요함을 시사한다. 또한, 게임 기반 학습이 어린이들의 장기 기억 형성 및 정보 이해 능력 향상에 효과적임을 뒷받침하는 근거가 된다.

[표 10] 설문조사 - 1~3스테이지 문제1, 2의 정답 비교분석

		흡연	주방유연	자동차매연	직화구이	긴바지	마스크	모자	긴팔 옷	총점수
저학년	1스테이지	0.68	0.77	0.86	0.77	0.9	0.86	0.81	0.86	6.51
	2스테이지	0.9	0.86	0.86	0.81	0.95	0.9	0.9	0.9	7.08
	3스테이지	0.95	1	1	1	0.95	1	0.9	0.95	7.75
		흡연	주방유연	자동차매연	직화구이	긴바지	마스크	모자	긴팔 옷	총점수
고학년	1스테이지	0.89	0.92	1	0.96	0.96	0.96	0.89	0.92	7.5
	2스테이지	0.92	0.96	1	0.96	1	1	0.92	1	7.76
	3스테이지	0.96	1	1	1	1	0.93	1	7.89

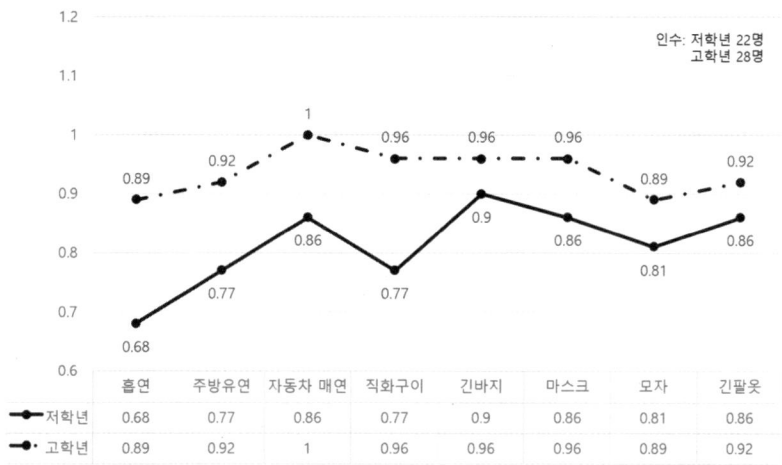

[그림 51] 1스테이지-설문조사 문제1, 2의 저학년과 고학년 비교분석

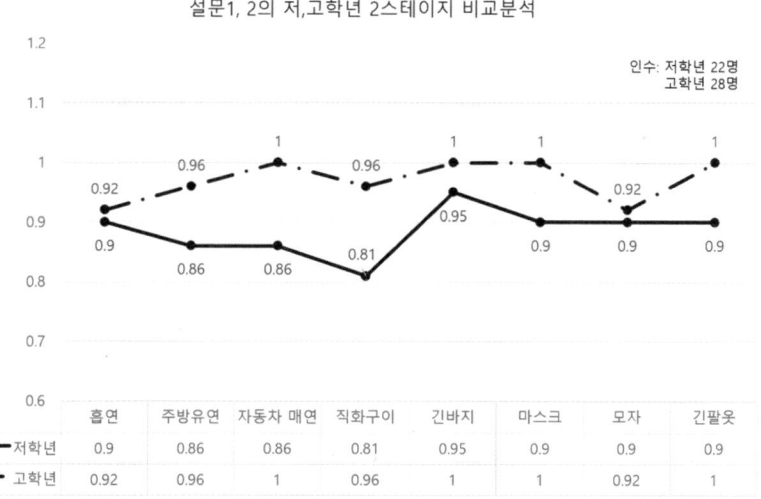

[그림 52] 2스테이지-설문조사 문제1, 2의 저학년과 고학년 비교분석

6장 실험 결과와 분석 129

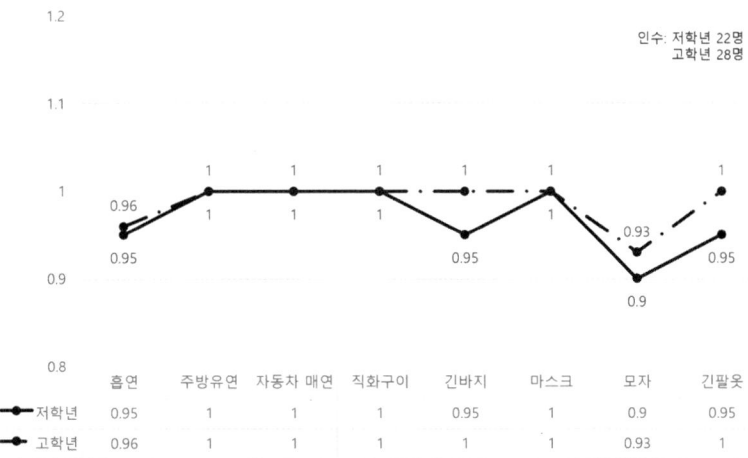

[그림 53] 3스테이지-설문조사 문제1, 2의 저학년과 고학년 비교분석

7) 설문조사 문제3, 4, 5 1~3스테이지 비교분석

[표 11]은 설문조사 문제 1과 2의 결과를 저학년과 고학년으로 구분하여 각 스테이지별 평균값을 분석한 것이다. 피아제의 인지발달 4단계 이론에 따르면, 어린이는 성장 단계에 따라 인지 능력과 학습 효과에서 차이를 보인다. 이를 바탕으로 본 연구에서는 학년별로 실험 결과를 비교·분석함으로써, 반복 학습이 학년별 암기력 향상에 미치는 영향을 검증하고자 하였다.

1스테이지에서 저학년(6.51)보다 고학년(7.5)의 평균 점수가 높게 나타나, 고학년의 암기력이 저학년보다 상대적으로 우수함을 확인할 수 있었다. 2스테이지에서는 저학년(7.08)과 고학년(7.76) 간의 차이가 다소 줄어들었지만, 여전히 고학년이 높은 경향을 유지하였다. 3스테이지에서는 저학년(7.75)과 고학년(7.89)의 차이가 매우 미세해지며, 두 집단의 암기력이 거의 유사한 수준에 도달하였다.

이러한 결과는 반복적인 게임 플레이가 어린이들의 기억력과 학습 능력을 점진적으로 향상시키는 효과가 있음을 보여준다. 특히 저학년의 경우, 반복 학습을 통해 고학년 수준에 근접한 암기력을 달성할 수 있었으며, 이는 연령에 따른 초기 인지 능력의 차이가 반복 학습을 통해 점차 상쇄될 수 있음을 시사한다. 또한, 본 결과는 게임 기반 학습이 어린이들의 장기 기억 형성과 정보 이해 능력 향상에 효과적이라는 점을 뒷받침하는 실증적 근거로 볼 수 있다.

[표 11] 설문조사 - 문제3, 4, 5 저, 고학년 비교분석

		전동차2	도보	대중교통	자전거2	황사	산불	건축먼지	폭주	짚연소	교통	질병	농작물성장	총점수
저학년 22	1 스테이지	0.68	0.81	0.68	0.86	0.77	0.59	0.81	0.54	0.86	0.68	0.81	0.77	8.86
	2 스테이지	0.72	0.86	0.68	0.86	0.9	0.77	0.9	0.59	0.86	0.9	0.95	0.72	9.71
	3 스테이지	0.95	1	0.77	1	0.95	0.9	1	0.77	0.9	0.95	1	0.9	11.09
		전동차2	도보	대중교통	자전거2	황사	산불	건축먼지	폭주	짚연소	교통	질병	농작물성장	총점수
고학년 28	1 스테이지	0.64	0.92	0.82	0.89	0.78	0.68	0.86	0.82	0.93	0.82	0.82	0.71	9.69
	2 스테이지	0.71	1	0.89	0.89	0.86	0.75	0.89	0.86	0.96	0.96	0.93	0.86	10.56
	3 스테이지	0.75	1	0.86	1	1	0.89	0.93	1	1	0.96	0.93	0.93	11.25

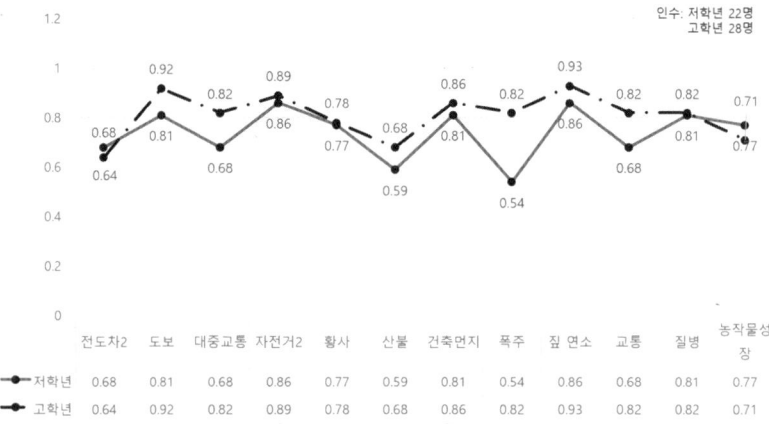

[그림 54] 1스테이지-설문조사 문제3, 4, 5의 저학년과 고학년 비교분석

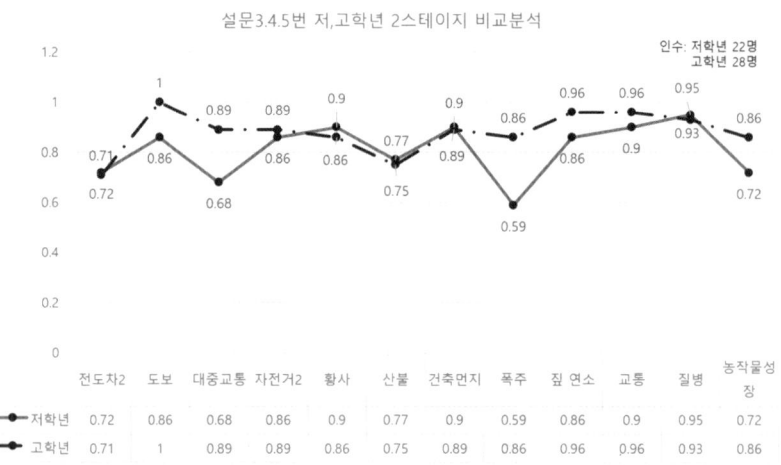

[그림 55] 2스테이지-설문조사 문제3, 4, 5의 저학년과 고학년 비교분석

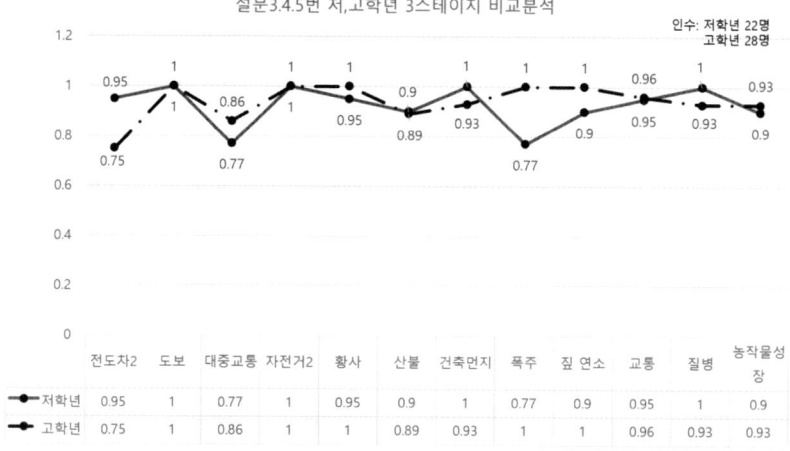

[그림 56] 3스테이지-설문조사 문제3, 4, 5의 저학년과 고학년 비교분석

플레이어들은 본 실험을 통해 게임 기반 학습을 통해 미세먼지 관련 지식을 효과적으로 습득하였다. 본 연구의 가설 1인 "교육용 게임의 반복 플레이를 통해 미세먼지 예방에 대한 학습 효과가 나타날 것이다."를 검증하기 위해, 게임 플레이 데이터와 설문조사 결과를 비교 분석하였다.

그 결과 반복적인 게임 플레이를 통해 플레이어들은 미세먼지 관련 지식을 반복적으로 학습하며 기억력이 점진적으로 향상되었고, 이에 따라 미세먼지의 원인과 예방에 대한 인지도 또한 높아지는 경향을 보였다. 이러한 결과는 가설 1을 실증적으로 지지하며 반복 학습을 기반으로 한 게임 플레이가 어린이의 환경 관련 학습 효과를 강화할 수 있음을 보여주는 중요한 근거가 된다.

7장

우리가 나아가야 할 방향

1. 연구 결과가 주는 시사점

연구 대상 어린이들은 2021년 4월 5일부터 29일까지 실험용 'WUMAI' 게임을 통해 실험을 진행하였다. 수집된 데이터는 각 어린이의 게임 플레이 횟수, 별 획득 수, 설문조사 각 문제의 선택 결과를 포함하였다. 어린이가 충분한 학습 효과를 얻었는지를 검증하기 위해, 각 플레이어가 3스테이지 이상을 완료한 결과만 분석에 포함하였다.

본 연구에서는 실험용 'WUMAI' 게임의 게임 플레이 데이터와 설문조사 결과를 기반으로 다음과 같이 세 가지 가설을 검증하였다.

가설 1: "교육용 게임의 반복 플레이를 통해 미세먼지 예방 학습 효과가 있을 것이다."

여러 선행 연구에서 교육용 게임이 학습 효과를 가지는 사례가 보고되었다. 본 연구에서는 게임 플레이와 설문조사 결과를 비교 분석한 결과, 1~3스테이지의 게임 플레이에서 반복적인 활동을 통해 어린이들이 미세먼지 예방 지식을 기억하는 것을 확인할 수 있었다. 또한, 설문조사 문제 3, 4, 5를 통해 게임 속에 포함되지 않은 미세먼지 관련 지식을 파악할 수 있었던 점은, 어린이들이 단순 암기를 넘어 미세먼지 관련 내용을 이해했음을 의미한다. 이를 통해 교육용 게임이 미세먼지 예방 학습 효과가 있음을 검증할 수 있었다.

가설 2: "어린이들은 미세먼지 예방 게임의 반복 플레이를 통해 미세먼지 관련 지식을 장기기억으로 향상시킬 수 있다."

헤르만 에빙하우스(Hermann Ebbinghaus)의 반복 학습 이론에 따르면, 학습 후 일정 시간이 지나면 기억은 점차 소실되며, 이를 장기기억으로 전환하기 위해 반복 학습이 필요하다. 본 실험에서는 각 플레이어가 3스테이지 이상 반복 플레이를 수행하였으며, 게임 데이터와 설문조사 문제 1, 2의 결과를 분석한 결과, 반복 플레이를 통해 미세먼지 관련 지식이 장기기억으로 향상되었음을 확인할 수 있었다. 따라서 가설 2도 검증되었다.

가설 3: "어린이는 미세먼지 예방 게임을 통해 미세먼지 예방에 대한 이해력이 향상될 것이다."

설문조사는 두 부분으로 나누어 진행하였다. 문제 1, 2는 게임 1~6에 포함된 내용으로, 플레이어의 기억력 향상을 측정할 수 있으며, 문제 3, 4, 5는 게임에 포함되지 않은 현실 세계의 미세먼지 현상과 관련된 내용이다. 게임의 반복 플레이를 통해 어린이들은 미세먼지의 생성 과정과 예방 방법을 반복 학습하였으며, 설문조사 문제 3, 4, 5의 결과 분석에서 각 스테이지마다 이해력이 점진적으로 향상됨을 확인할 수 있었다. 이를 통해 가설 3이 검증되었다.

종합하면, 'WUMAI' 게임을 통한 반복 플레이가 어린이들의 미세먼지 예방 지식 습득과 장기기억 향상, 그리고 이해력 증진에 효과적임을 확인할 수 있었다.

2. 앞으로 교육용 게임이 나아가야 할 길

이번 연구를 통해 'WUMAI' 게임과 같은 반복 학습 기반 교육용 게임이 초등학생의 미세먼지 예방 지식 습득, 장기기억 유지, 그리고 이해력 향상에 효과적임을 확인할 수 있었다. 어린이들은 단순히 게임 속 내용을 암기하는 수준을 넘어, 게임에서 학습한 내용을 현실 세계의 미세먼지 현상과 연결하여 이해하는 능력까지 향상되었으며 이를 통해 게임 기반 학습이 단순 정보 전달을 넘어 인지적 이해와 문제 해결 능력까지 증진할 수 있음을 보여주었다. 이러한 결과는 앞으로 미세먼지뿐만 아니라 대기오염, 재활용, 에너지 절약 등 다양한 환경 문제를 교육용 게임으로 확장할 수 있는 가능성을 시사한다. 특히 저학년과 고학년의 인지 발달 수준을 고려한 맞춤형 게임 설계는 학습 효과를 극대화할 수 있는 중요한 전략임을 확인하였다. 더 나아가 반복 학습과 몰입 기반 게임 설계를 활용하면 어린이들이 학습 내용을 장기기억으로 저장하고 실제 생활에서 적용할 수 있는 능력을 키울 수 있다. 앞으로는 이러한 게임 기반 학습의 장기적 효과를 추적하고, 학교 수업, 가정 학습, 지역 사회 교육 프로그램 등 다양한 실제 교육 환경에 적용함으로써 어린이들의 환경 문제 인식과 실천 능력을 보다 체계적으로 높일 수 있을 것이다. 이번 연구는 게임 기반 학습이 어린이 교육에서 단순한 학습 도구를 넘어 효과적이고 혁신적인 교육 방법으로 활용될 수 있음을 실증하며 향후 환경 교육의 전략적 발전과 맞춤형 교육 콘텐츠 개발에 중요한 시사점을 제공한다.

부록

1. 게임플레이부분 테스트 결과도출 및 정리

	이름	성별	학년	1스테이지 미니게임 1~6게임 플레이 결과						평균
				게임1	게임2	게임3	게임4	게임5	게임6	
1	小兰兰	남	1	2	4	4	1	4	4	3.17
2	和	남	1	3	4	3	4	4	4	3.67
3	万	남	1	1	2	3	2	3	1	2.00
4	提莫	여	1	1	2	4	2	4	2	2.50
5	城城	여	1	1	2	3	2	3	1	2.00
6	嗝	남	1	1	1	3	3	3	2	2.17
7	高兴	남	2	1	2	4	2	3	4	2.67
8	七顾	남	2	1	2	4	2	4	1	2.33
9	中权	남	2	4	3	4	3	4	4	3.67
10	岁月成荒	여	2	2	2	4	2	3	2	2.50
11	菠萝	남	3	4	1	3	2	3	4	2.83
12	安	남	3	3	3	3	2	3	4	3.00
13	许凯	남	3	3	2	1	1	3	0	1.67
14	红红	여	3	1	2	3	2	4	4	2.67
15	红黄	여	3	1	2	3	2	4	4	2.67
16	霹雳	남	4	2	1	4	3	3	1	2.33
17	刘璟璇	남	4	4	2	3	3	3	2	2.83
18	小婧婧	여	4	3	3	4	2	3	4	3.17
19	喔喔喔	남	4	1	3	3	3	4	2	2.67
20	苏苏	여	4	1	2	4	4	3	4	3.00
21	嘘嘘嘘	남	4	4	3	4	3	3	4	3.50
22	li	여	4	1	2	4	2	3	2	2.33
23	大豆饼	남	5	4	2	3	3	3	4	3.17
24	huahua	여	5	4	3	3	2	4	2	3.00
25	来来	여	6	4	2	3	3	4	4	3.33
26	木木	여	6	1	3	3	3	4	3	3.33
27	日月	여	6	1	3	4	3	4	4	3.17
28	好的	여	6	4	3	3	2	3	2	2.83
29	欧小拐	남	6	1	3	4	2	3	4	2.83
30	罗金	남	6	3	2	4	1	4	4	3.00
31	我是祝妹	여	6	3	2	4	3	4	1	2.83
32	肥肥	남	6	1	2	3	2	3	0	1.83
33	冷丿炎	남	6	2	2	4	2	4	1	2.50
34	软糖	남	6	3	3	4	2	3	4	3.17
35	女王	여	6	4	3	4	3	3	1	3.00

36	bty	남	6	2	3	3	2	3	4	2.83
37	113445	남	6	1	4	4	3	3	4	3.17
38	小丸子	여	6	4	4	4	3	3	2	3.33
39	陈琳	여	6	1	3	4	1	3	4	2.67
40	哈哈哈	여	6	1	3	4	2	3	0	2.17
41	试试水	남	6	1	2	3	3	3	2	2.33
42	石子大大	남	6	3	3	4	2	3	4	3.17
43	白泽	여	6	3	3	3	4	3	4	3.33
44	杨潇	여	6	1	2	4	2	3	4	2.67
45	菲菲	여	6	4	3	4	1	3	4	3.17
46	ll	남	6	4	3	4	3	3	4	3.50
47	橘子汤圆	여	6	2	2	4	1	3	4	2.67
48	双双	여	6	1	3	4	3	3	4	3.00
49	小陈	여	6	4	3	4	3	4	0	3.00
50	罗金	남	6	3	2	4	1	4	4	3.00
저학년 평균				2.05	2.27	3.41	2.36	3.36	2.73	
고학년 평균				2.57	2.71	3.68	2.36	3.29	2.96	
평균				2.34	2.52	3.56	2.36	3.32	2.86	

2스테이지 미니게임 1~6게임 플레이 결과										
	이름	성별	학년	게임1	게임2	게임3	게임4	게임5	게임6	평균
1	小兰兰	남	1	4	4	4	4	4	4	4.00
2	和	남	1	4	3	3	3	3	1	2.83
3	万	남	1	4	3	3	3	4	0	2.83
4	提莫	여	1	4	4	4	3	3	4	3.67
5	城城	여	1	4	3	4	3	3	4	3.50
6	嗝	남	1	2	3	4	3	3	2	2.83
7	高兴	남	2	1	2	4	3	3	4	2.83
8	七顾	남	2	4	3	4	4	3	4	3.67
9	中权	남	2	4	3	4	4	3	4	3.67
10	岁月成荒	여	2	3	2	4	3	3	2	2.83
11	菠萝	남	3	4	3	4	4	4	4	3.83
12	安	남	3	4	3	3	2	4	4	3.33
13	许凯	남	3	4	3	3	4	4	4	3.67
14	红红	여	3	3	4	3	3	3	4	3.33
15	红黄	여	3	3	4	3	3	3	4	3.33

16	霹雳	남	4	4	3	4	3	3	4	3.50
17	刘璟璇	남	4	4	3	3	2	3	4	3.17
18	小婧婧	여	4	4	3	4	4	4	4	3.83
19	喔喔喔	남	4	3	4	3	3	3	4	3.33
20	苏苏	여	4	4	3	4	3	3	1	3.00
21	li	남	4	3	3	4	3	3	4	3.33
22	嘘嘘嘘	여	4	3	4	4	3	4	4	3.67
23	大豆饼	남	5	4	2	3	3	3	4	3.17
24	huahua	여	5	3	2	4	3	4	4	3.33
25	日月	여	6	3	3	4	3	3	4	3.33
26	来来	여	6	4	4	3	4	3	4	3.67
27	木木	여	6	3	3	3	3	3	4	3.33
28	好的	여	6	3	4	3	4	4	2	3.33
29	欧小拐	남	6	4	4	3	3	3	4	3.50
30	罗金	남	6	3	3	4	3	3	4	3.33
31	我是祝妹	여	6	3	4	4	2	3	4	3.33
32	肥肥	남	6	4	3	4	3	3	1	3.00
33	冷丿炎	남	6	4	3	4	3	3	4	3.50
34	软糖	남	6	3	3	4	4	3	4	3.50
35	女王	여	6	4	4	4	3	3	4	3.67
36	bty	남	6	3	3	3	4	3	1	2.83
37	113445	남	6	4	4	4	3	4	4	3.83
38	小丸子	여	6	4	4	4	3	3	4	3.67
39	陈琳	여	6	4	3	3	3	3	4	3.33
40	哈哈哈	여	6	4	4	3	3	4	4	3.67
41	试试水	남	6	3	2	3	3	4	2	2.83
42	石子大大	남	6	4	3	4	2	3	2	3.00
43	白泽	여	6	4	3	4	4	3	4	3.67
44	杨潇	여	6	4	2	4	4	3	4	3.50
45	菲菲	여	6	4	3	4	3	3	4	3.50
46	ll	남	6	4	3	4	3	3	4	3.50
47	橘子汤圆	여	6	4	4	4	3	3	4	3.67
48	双双	여	6	3	3	3	2	3	0	2.33
49	小陈	여	6	2	3	4	3	3	4	3.17
50	罗金	남	6	3	3	4	3	3	4	3.33
	저학년			3.50	3.18	3.64	3.18	3.32	3.36	
	고학년			3.54	3.18	3.64	3.14	3.18	3.43	
	평균			3.52	3.18	3.64	3.16	3.24	3.4	

	3스테이지 미니게임 1~6게임 플레이 결과									
	이름	성별	학년	게임1	게임2	게임3	게임4	게임5	게임6	평균
1	小兰兰	남	1	4	4	4	4	4	4	4
2	和	남	1	2	4	2	3	3	4	3
3	万	남	1	4	4	3	2	4	4	3.50
4	提莫	여	1	4	4	4	3	3	4	3.67
5	城城	여	1	4	3	4	3	3	4	3.50
6	嗝	남	1	3	4	3	3	3	4	3.33
7	高兴	남	2	3	4	4	3	3	4	3.50
8	七顾	남	2	4	3	4	4	3	4	3.67
9	中权	남	2	4	3	4	4	4	4	3.83
10	岁月成荒	여	2	2	3	4	3	3	2	2.83
11	菠萝	남	3	4	3	4	4	4	2	3.67
12	安	남	3	4	3	3	2	4	4	3.33
13	许凯	남	3	4	3	4	4	3	4	3.67
14	红红	여	3	3	4	3	3	3	4	3.33
15	红黄	여	3	3	4	3	3	3	4	3.33
16	霹雳	남	4	4	3	4	3	3	4	3.50
17	刘璟璇	남	4	3	3	4	3	3	2	3.00
18	小婧婧	여	4	4	4	4	4	3	4	3.83
19	喔喔喔	남	4	4	3	3	3	3	4	3.33
20	苏苏	여	4	4	4	3	3	3	4	3.67
21	li	남	4	3	3	4	4	3	3	3.33
22	嘘嘘嘘	여	4	3	4	4	3	4	4	3.67
23	大豆饼	남	5	4	4	3	4	3	4	3.67
24	huahua	여	5	4	4	4	3	4	1	3.33
25	日月	여	6	4	4	4	4	4	4	4.00
26	来来	여	6	4	4	4	4	3	4	3.83
27	木木	여	6	4	3	3	4	3	4	3.50
28	好的	여	6	4	4	3	4	3	4	3.67
29	欧小拐	남	6	4	3	4	3	4	4	3.67
30	罗金	남	6	4	4	3	3	3	4	3.50
31	我是祝妹	여	6	4	4	4	3	3	2	3.33
32	肥肥	남	6	4	4	3	3	3	4	3.50
33	冷丿炎	남	6	4	4	4	4	4	4	4.00
34	软糖	남	6	4	4	4	4	4	4	4.00
35	女王	여	6	4	4	4	3	4	4	3.83
36	bty	남	6	3	3	3	4	4	4	3.50
37	113445	남	6	4	4	4	4	4	4	4.00

38	小丸子	여	6	4	4	4	2	3	4	3.50
39	陈琳	여	6	4	3	3	3	3	4	3.33
40	哈哈哈	여	6	4	4	3	3	3	4	3.50
41	试试水	남	6	3	4	4	3	3	4	3.50
42	石子大大	남	6	4	4	4	3	4	4	3.83
43	白泽	여	6	4	4	4	4	3	4	3.83
44	杨潇	여	6	4	3	4	4	4	4	3.83
45	菲菲	여	6	4	4	4	3	4	4	3.83
46	ll	남	6	4	3	4	3	3	0	2.83
47	橘子汤圆	여	6	4	4	4	3	3	4	3.67
48	双双	여	6	3	3	3	3	3	1	2.67
49	小陈	여	6	4	3	4	3	3	2	3.17
50	罗金	남	6	4	3	4	3	4	4	3.67
	저학년			3.45	3.55	3.64	3.18	3.32	3.73	
	고학년			3.89	3.68	3.68	3.36	3.43	3.50	
	평균			3.7	3.62	3.66	3.28	3.38	3.6	

2. 설문조사부분 문제1~2 결과도출 및 정리

1스테이지 이름	학년	문제1~2의 정답							문제1~2의 오답						
		흡연	주방유연	자동차매연	직화구이	긴바지	마스크	모자	긴팔옷	청소하기	자전거1	전동차1	선글라스	우산	반배지	슬리퍼
小兰兰	1	√	√	√	√	√	√	√	√							
和	1			√			√	√								√
万	1	√	√	√	√	√	√	√		√		√				
提莫	1	√	√	√	√	√	√	√								
城城	1	√	√	√	√	√	√	√						√		
嗝	1	√	√	√	√	√	√				√	√				
高兴	2	√		√		√	√	√								
七顾	2		√		√	√	√	√								
中权	2		√	√		√	√	√								
岁月成荒	2		√	√	√	√	√	√				√				
菠萝	3				√					√	√			√		
安	3	√		√	√	√	√	√								
许凯	3		√	√	√	√		√			√					
红红	3	√	√	√	√	√	√	√	√		√					

이름	학년	C1	C2	C3	C4	C5	C6	C7	C8	C9	C10	C11	C12	C13	C14	C15
红黄	3	√	√	√	√	√	√	√	√				√			
霹雳	4	√	√	√	√	√	√		√							
刘璟璇	4	√	√	√	√	√	√	√		√						
小婧婧	4	√	√	√	√	√	√	√				√				
喔喔喔	4									√			√			
苏苏	4		√		√	√	√	√								
li	4	√	√	√	√	√	√					√				
嘘嘘嘘	4	√		√		√		√								
大豆饼	5	√	√	√	√	√	√	√								
huahua	5	√	√	√	√	√	√	√								
来来	6	√	√	√	√	√	√	√								
日月	6	√	√	√	√	√	√	√								
木木	6	√	√	√	√	√	√	√				√	√			
好的	6	√	√	√	√	√	√	√				√				
欧小拐	6	√	√	√	√	√	√	√				√				
罗金	6	√	√	√	√	√	√	√			√	√				
我是祝妹	6		√		√						√					
肥肥	6	√	√	√	√	√	√	√								
冷丿炎	6	√	√	√	√	√	√	√				√				
软糖	6	√	√	√	√	√	√	√				√				
女王	6	√	√	√	√	√	√	√								
bty	6	√	√	√	√	√	√	√				√				
113445	6	√	√	√	√	√	√	√	√							
小丸子	6	√	√	√	√	√	√	√			√					
陈琳	6		√	√	√	√	√	√								
哈哈哈	6		√	√	√	√	√	√								
试试水	6	√	√	√	√				√			√				
石子大大	6	√	√	√	√		√					√				
白泽	6	√	√	√	√		√									
杨潇	6	√	√	√	√	√	√	√				√				
菲菲	6	√	√	√	√	√	√	√				√				
ll	6	√		√	√					√				√		
橘子汤圆	6	√	√	√	√	√	√	√	√							
双双	6	√	√	√	√	√	√	√	√							
小陈	6	√	√	√	√	√	√	√	√			√			√	√
罗金	6	√	√	√		√		√			√	√				
저학년		15	17	19	17	20	19	18	19	6	2	0	8	3	1	1
고학년		25	26	28	27	27	27	25	26	6	2	3	13	1	2	1
총합		40	43	47	44	47	46	43	45	12	4	3	21	4	3	2

이름	학년	흡연	주방유연	자동차매연	직화구이	긴바지	마스크	모자	긴팔옷	청소하기	자전거1	전동차1	선글라스	우산	반바지	슬리퍼
			문제1~2의 정답							문제1~2의 오답						
小兰兰	1	√	√	√	√	√	√	√	√							
和	1	√				√	√	√	√		√					
万	1	√	√	√	√	√	√	√	√	√		√	√			
提莫	1	√	√	√	√	√	√	√	√							
城城	1	√	√		√	√	√	√	√							
嗝	1	√	√	√	√	√	√	√	√			√	√			
高兴	2	√	√	√	√	√	√	√	√							
七顾	2	√	√	√	√	√	√	√	√	√	√					
中权	2	√	√	√	√	√	√	√	√							
岁月成荒	2		√	√	√	√	√	√	√				√	√		
菠萝	3	√		0		0				√	√		√	√		
安	3	√	√	√	√	√	√	√	√	√		√	√			
许凯	3	√	√	√	√	√	√	√	√			√			√	
红红	3	√	√	√	√	√	√	√	√	√		√				
红黄	3	√	√	√	√	√	√	√	√	√		√				
霹雳	4	√	√	√	√	√	√	√	√							
刘璟璇	4	√	√	√	√	√	√	√	√				√			
小婧婧	4	√	√	√	√	√	√	√	√	√						
喔喔喔	4									√			√			
苏苏	4	√	√	√	√	√	√	√	√	√		√				
li	4	√	√	√	√	√	√	√	√			√				
嘘嘘嘘	4	√	√	√	√	√	√	√	√	√						
大豆饼	5		√	√	√	√	√	√	√							
huahua	5	√	√	√	√	√	√	√	√	√						
来来	6	√														
日月	6	√														
木木	6	√	√	√	√	√	√	√	√	√		√				
好的	6	√	√	√	√	√	√	√	√							
欧小拐	6	√	√	√	√	√	√	√	√			√				
罗金	6	√	√	√	√	√	√	√	√	√	√					
我是祝妹	6	√	√	√	√	√	√	√	√		√					
肥肥	6	√	√	√	√	√	√	√	√						√	
冷ノ炎	6	√	√	√	√	√	√	√	√			√				
软糖	6	√	√	√	√	√	√	√	√							

이름	학년															
女王	6	√	√	√	√	√	√	√								
bty	6	√	√	√	√	√		√				√				
113445	6	√	√	√	√	√	√	√	√							
小丸子	6	√	√	√	√	√	√	√		√						
陈琳	6		√	√	√	√	√			√	√					
哈哈哈	6	√	√	√	√	√	√	√								
试试水	6	√	√	√	√	√	√	√				√				
石子大大	6	√	√	√	√	√	√						√	√	√	√
白泽	6	√	√	√	√	√	√	√								
杨潇	6	√	√	√	√	√	√	√								
菲菲	6	√	√	√	√	√	√	√								
ll	6	√	√	√	√	√		√	√	√	√		√			
橘子汤圆	6	√														
双双	6	√	√	√	√	√	√	√			√		√			
小陈	6	√	√	√	√	√	√	√					√			
罗金	6	√	√	√	√	√	√				√					
저학년		20	19	19	18	21	20	20	20	9	3	1	11	6	1	0
고학년		26	27	28	27	28	28	26	28	6	1	7	9	1	3	1
총 수		46	46	47	45	49	48	46	48	15	4	8	20	7	4	1

3스테이지		문제1~2의 정답								문제1~2의 오답					
이름	학년	흡연	주방유연	자동차매연	직화구이	긴바지	마스크	모자	긴팔옷	청소하기	자전거1	전동차1	선글라스	우산	반바지	슬리퍼
小兰兰	1	√	√	√	√	√	√	√								
和	1	√	√	√	√	√	√	√								
万	1	√	√	√	√	√	√	√								
提莫	1	√	√	√	√	√	√	√								
城城	1	√	√	√	√	√	√	√								
嗝	1	√	√	√	√	√	√	√				√				
高兴	2	√	√	√	√	√	√	√	√							
七顾	2	√	√	√	√	√	√	√								
中权	2	√	√	√	√	√	√	√								
岁月成荒	2												√	√		
菠萝	3	√	√	√	√	√	√		√							
安	3	√	√	√	√	√	√	√								
许凯	3	√	√	√	√	√	√	√								

红红	3	√	√	√	√	√	√	√	√			√			
红黄	3	√	√	√	√	√	√	√	√			√			
霹雳	4	√	√	√	√	√	√	√							
刘璟璇	4	√	√	√	√	√		√				√			
小婧婧	4	√	√	√	√	√	√								
喔喔喔	4	√	√	√	√	√	√								
苏苏	4	√	√	√	√	√	√	√							
li	4	√	√	√	√	√	√					√			
嘘嘘嘘	4	√	√	√	√	√	√	√							
大豆饼	5	√	√	√	√	√	√								
huahua	5	√	√	√	√	√	√								
来来	6	√	√	√	√	√	√								
日月	6	√	√	√	√	√	√								
木木	6	√	√	√	√	√	√	√							
好的	6	√	√	√	√	√	√								
欧小拐	6		√	√	√	√	√								
罗金	6	√	√	√	√	√	√			√					
我是祝妹	6	√	√	√	√	√	√	√		√					
肥肥	6	√	√	√	√	√	√				√				
冷丿炎	6	√	√	√	√	√	√				√				
软糖	6	√	√	√	√	√	√								
女王	6	√	√	√	√	√	√								
bty	6	√	√	√	√	√	√	√							
113445	6	√	√	√	√	√	√	√							
小丸子	6	√	√	√	√	√	√			√					
陈琳	6	√	√	√	√	√	√								
哈哈哈	6	√	√	√	√	√	√								
试试水	6	√	√	√	√	√	√				√				
石子大大	6	√	√	√	√	√	√	√			√				
白泽	6	√	√	√	√	√	√								
杨潇	6	√	√	√	√	√	√								
菲菲	6	√	√	√	√	√	√								
ll	6	√	√	√	√	√	√								
橘子汤圆	6	√	√	√	√	√	√	√							
双双	6	√	√	√	√	√	√								
小陈	6	√	√	√	√	√	√				√				
罗金	6	√	√	√	√	√	√			√					
저학년		21	22	22	22	22	22	20	21	6	0	0	6	1	0	0
고학년		27	28	28	28	28	28	28	28	6	0	4	5	0	0	0
총 수		48	50	50	50	50	50	48	49	12	0	4	11	1	0	0

3. 설문조사부분 문제3~5 결과도출 및 정리

1스테이지 이름	학년	문제3~5의 정답												문제3~5의 오답									
		전동차2	도보	대중교통	자전거2	황사	산불	건축먼지	폭죽	짚연소	교통	질병	농작물성장	자가용차	소나기	폭설	번개	우박	화초심기	농사	산사태	밥하기	티비보기	잠자기
小兰兰	1	√	√	√	√	√			√		√	√	√		√				√					
和	1			√	√				√			√		√										√	√
万	1	√	√		√	√	√		√			√								√					
提莫	1	√	√	√	√	√	√		√	√		√	√												
城城	1		√	√		√			√	√		√	√												
嗝	1	√			√		√	√		√		√	√												
高兴	2		√			√	√			√			√										√	√	√
七顾	2			√			√		√			√													√
中权	2	√				√	√		√			√													
岁月成荒	2		√	√		√			√			√													
菠萝	3			√					√			√													
安	3	√	√		√	√	√		√		√	√	√												
许凯	3	√	√		√		√	√		√			√									√	√		
红红	3	√	√	√		√		√	√			√													
红黄	3	√	√		√		√		√			√													
霹雳	4	√	√		√	√	√			√		√	√							√					
刘璟璇	4	√	√		√		√	√		0	√	√								√					
小婧婧	4	√	√		√		√	√																	
喔喔喔	4			√																					
苏苏	4	√	√		√				√			√													
li	4	√	√		√	√	√		√	√	√	√								√					
嘘嘘嘘	4	√	√	√	√	√		√	√	√		√								√					
大豆饼	5			√			√			√			√												
huahua	5	√	√	√	√	√	√		√			√	√	√											
来来	6	√	√		√		√	√		√		√													
日月	6		√	√	√																				
木木	6	√	√	√	√				√			√	√												
好的	6	√	√	√	√		√			√		√													
欧小拐	6	√	√	√	√		√	√	√		√	√	√										√	√	√
罗金	6		√	√	√		√		√			√										√	√		
我是祝妹	6								√		√	√													
肥肥	6	√	√	√		√			√				√												
冷丿炎	6	√	√	√	√	√		√	√		√	√										√	√		√

이름	학년	C1	C2	C3	C4	C5	C6	C7	C8	C9	C10	C11	C12	C13	C14	C15	C16	C17	C18	C19	C20	C21	C22	C23
软糖	6	√	√		√	√		√	√	√	√										√			
女王	6		√	√	√			√	√		√													
bty	6	√	√	√	√	√	√	√	√	√	√	√												
113445	6	√	√		√	√	√	√	√	√											√	√		
小丸子	6			√	√	√	√	√	√	√														
陈琳	6			√				√	√	√	√													
哈哈哈	6		√		√	√	√		√	√	√													
试试水	6		√	√	√	√				√					√	√	√							√
石子大大	6	√	√	√	√	√	√																	
白泽	6	√	√	√	√				√															√
杨潇	6	√	√	√	√	√	√																	
菲菲	6	√	√	√	√	√															√			
ll	6		√	√					√			√			√	√	√				√			
橘子汤圆	6																							
双双	6	√	√	√	√	√	√	√	√	√						√	√	√	√	√				
小陈	6	√	√	√	√	√	√	√												√				
罗金	6	√	√	√			√	√	√	√											√	√		
저학년		15	18	15	19	17	13	18	12	19	15	18	17	1	0	1	0	0	0	0	8	2	2	4
고학년		18	26	23	25	22	19	24	23	26	23	23	20	2	0	1	1	0	1	2	8	9	2	5
총수		33	44	38	44	39	32	42	35	45	38	41	37	3	0	2	1	0	1	2	16	11	4	9

2스테이지		문제3~5의 정답												문제3~5의 오답										
이름	학년	전동차2	도보	대중교통	자전거2	황사	산불	건축먼지	폭죽	짚연소	교통	질병	농작물성장	자가용차	소나기	폭설	번개	우박	화초심기	농사	산사태	밥하기	티비보기	잠자기
小兰兰	1	√	√	√	√	√	√	√	√						√									
和	1	√		√			√	√																
万	1	√	√	√	√				√													√	√	
提莫	1	√	√	√	√				√															
城城	1		√		√	√		√	√													√	√	√
嗝	1	√				√		√																
高兴	2		√			√		√			√													
七顾	2	√		√	√	√	√	√	√															√
中杈	2	√	√	√	√	√		√																√
岁月成荒	2	√	√		√																			
菠萝	3				√		√																	
安	3	√	√	√	√		√			√										√	√	√		
许凯	3	√	√		√	√	√	√	√		√			√										

名字	年级																					
红红	3	√	√	√	√	√	√	√	√	√	√		√		√							√
红黄	3	√	√	√	√	√	√	√	√	√	√		√		√							√
霹雳	4	√	√	√	√	√	√	√	√	√									√			
刘璟璇	4	√	√		√	√	√			√	√								√			
小婧婧	4	√	√		√	√	√	√	√					√		√		√	√			
喔喔喔	4			√			√				√											
苏苏	4		√	√	√														√			
li	4		√	√															√			
嘘嘘嘘	4	√	√	√	√	√													√			
大豆饼	5	√	√	√	√	√	√	√	√	√	√											
huahua	5	√	√	√	√	√																
来来	6	√	√	√															√			
日月	6	√	√	√	√	√													√	√		
木木	6	√	√		√		√		√													
好的	6	√	√	√	√	√	√													√	√	√
欧小拐	6	√	√	√	√	√	√													√	√	√
罗金	6		√	√		√			√		√								√			
我是祝妹	6		√	√	√		√	√	√	√									√			
肥肥	6	√	√	√		√	√	√														
冷丿炎	6	√	√	√	√	√	√	√	√	√									√	√		
软糖	6	√	√	√	√		√	√	√	√									√			√
女王	6					√	√	√	√													
bty	6	√	√	√	√	√	√	√	√										√			
113445	6	√		√		√	√	√	√	√	√		√					√				
小丸子	6		√	√	√		√	√	√	√												
陈琳	6		√	√	√			√		√												
哈哈哈	6	√			√	√	√	√		√												
试试水	6		√	√	√	√	√	√	√	√									√			
石子大大	6	√	√		√		√					√	√	√	√	√	√		√	√	√	√
白泽	6	√	√																			√
杨潇	6	√	√	√	√	√	√	√											√			
菲菲	6	√	√	√	√	√		√	√										√			
ll	6	√	√				√	√		√	√		√	√		√	√		√	√		√
橘子汤圆	6	√	√	√	√	√	√	√														√
双双	6		√	√	√	√	√	√	√								√	√	√	√	√	√
小陈	6	√	√	√	√																	
罗金	6		√	√		√	√	√	√										√			
저학년		16	19	15	19	20	17	20	13	19	20	21	16	0	1	4	0	1	2	2	9	4	1	5
고학년		20	28	25	25	24	21	25	24	27	27	26	24	2	3	1	2	1	2	3	11	10	5	8
총수		36	47	40	44	44	38	45	37	46	47	47	40	2	4	5	2	2	4	5	20	14	6	13

3스테이지 이름	학년	문제3~5정답									문제3~5오답								
		전동차2	도보	대중교통	자전거2	황사	산불	건축먼지	폭죽	짚연소	교통	질병	농작물성장	자가용차	소나기	폭설	번개	우박	화초심기	농사	산사태	밥하기	티비보기	잠자기
小兰兰	1	√	√	√	√	√	√	√	√	√	√	√	√											
和	1	√	√	√	√	√	√	√	√		√	√									√			
万	1	√	√	√	√	√	√	√	√												√			√
提莫	1	√	√	√	√	√	√	√	√															
城城	1		√	√	√			√	√		√	√											√	√
嗝	1	√	√		√				√		√	√												
高兴	2	√	√	√	√	√	√	√	√		√	√									√			
七顾	2	√	√	√	√	√	√	√	√												√			√
中权	2	√	√	√	√	√	√	√	√															√
岁月成荒	2	√	√	√	√	√	√	√	√															
菠萝	3	√	√	√	√	√	√	√	√												√			
安	3	√	√	√	√	√	√	√	√												√	√		
许凯	3	√	√	√	√	√	√	√	√												√			
红红	3	√	√	√	√	√	√	√	√							√		√						√
红黄	3	√	√	√	√	√	√	√	√							√		√						√
霹雳	4	√	√	√	√		√	√	√												√			
刘璟璇	4	√			√		√		√		√													√
小婧婧	4	√	√		√				√		√													√
喔喔喔	4	√	√	√	√	√	√	√	√															
苏苏	4	√	√	√	√		√		√													√		
li	4	√	√	√	√	√	√	√	√												√			
嘘嘘嘘	4	√	√	√	√		√		√												√			
大豆饼	5	√	√	√	√	√	√	√	√															
huahua	5	√	√	√	√	√	√	√	√															
来来	6	√	√	√	√	√	√	√	√															
日月	6	√	√	√	√	√	√	√	√													√		√
木木	6	√	√	√	√	√	√	√	√															
好的	6		√	√	√	√	√	√	√												√	√	√	
欧小拐	6	√	√	√	√	√	√	√	√												√			
罗金	6		√	√	√	√	√	√	√												√			
我是祝妹	6		√	√	√	√	√	√	√												√			
肥肥	6	√	√	√	√	√	√	√	√															
冷丿炎	6	√	√	√	√	√	√	√	√															
软糖	6	√	√	√	√	√	√	√	√												√	√		

女王	6		√	√	√	√	√	√	√	√		√									
bty	6		√	√	√	√	√	√	√	√	√										
113445	6	√	√	√	√	√	√	√	√	√	√							√	√		
小丸子	6	√	√	√	√	√		√	√	√											
陈琳	6	√	√		√	√	√		√	√	√										
哈哈哈	6	√	√		√	√	√		√	√	√										
试试水	6	√	√	√	√		√	√	√											√	√
石子大大	6	√	√		√		√		√				√	√	√		√		√		
白泽	6	√	√	√	√		√	√	√	√	√										√
杨潇	6	√	√	√	√	√	√	√	√	√											
菲菲	6	√	√	√	√	√	√	√	√	√									√	√	
ll	6	√	√	√	√		√	√	√		√								√	√	√
橘子汤圆	6	√	√	√	√	√	√	√	√	√											
双双	6		√	√	√	√	√	√	√					√				√	√	√	√
小陈	6	√	√	√	√	√	√	√	√												
罗金	6		√	√	√	√		√	√	√	√								√			
저학년		21	22	17	22	21	20	22	17	20	21	22	20	0	0	2	0	0	2	0	14	5	1	8
고학년		21	28	24	28	28	25	26	28	28	27	26	26	0	1	2	1	0	1	1	8	10	3	6
총수		42	50	41	50	49	45	48	45	48	48	48	46	0	1	4	1	0	3	1	22	15	4	14

참고문헌

Srimuruganandam, B. and Nagendra, S. 2012. Source characterization of PM10 and PM2.5 mass using a chemical massbalance model at urban roadside. Sci. Total Environ. 433, 8-19.

이창흡, "산업도시 창원의 초미세먼지(PM2.5)의 중금속 조성과 위해성 평가 연구." 국내박사학위논문 울산대학교 대학원, 2015, 울산

布雷恩, 威廉, & 克拉普. (2011). 工业革命以来的英国环境史. In: 北京: 中国环境科学出版社. 2011年版, 第 15 页

布雷恩, 威廉, & 克拉普. (2011). 工业革命以来的英国环境史. In: 北京: 中国环境科学出版社. 2011年版, 第 57 页

Logan, W. (1956). Mortality from fog in London, January, 1956. British medical journal, 1(4969), 722.

"Death by smog: London's fatal four-day pea-souper: Interview with Dr Brian Commins". BBC News. Retrieved 2 April 2023.

于晓英, & 李晶. (2014). 哈尔滨市环境空气污染特征变化趋势及雾霾突发原因研究. 环境科学与管理, 39(7), 50-53.

王喜元, 潘红, 熊伟, 等.民用建筑工程室内环境污染控制规范辅导教材[M]. 北京: 中国计划出版社, 2002.2.

Kostianinen R.Volatile organic compounds in the indoor air of normal and sick houses[J]. Atmos Environ, 1995, 29(6):693-702.

刘晓红, and 周定国. 室内环境污染的危害及其预防. Diss. 2003.

陈晨,赵紫英.雾霾天气对交通运输影响的分析[J].科技视界,2015(01):206+263.

陈磊.雾霾天气对农业的影响及其应对策略研究——以安徽省为例[J].农业灾害研究, 2015, 5(10): 50-53+76.

Falcon-Rodriguez, C. I., De Vizcaya-Ruiz, A., Rosas-Pérez,I. A., Osornio-Vargas, Á. R. and Segura-Medina, P. 2017.Inhalation of concentrated PM2.5 from Mexico City acts asan adjuvant in a guinea pig model of allergic asthma.Environ. Pollut. 228, 474-483.

J. K. Choi, I. S. Choi, K. K. Cho, and S. H. Lee, "미세먼지의 질병에 미치는 유해성," 생명과학회지, vol. 30, no. 2, pp. 191-201, Feb. 2020.

Oberdorster, G. Oberdorster, E. JOberdorster,.Nanotoxicology: an emerging discipline evolving from studies of ultrafine particles, Environ. Health Perspect. 2005; 113:823-839.

Vierkotter, A. Schikowski, T. Ranft, Sugiri,U. Matsui, D.M. Kramer, U. et al., Airborneparticle exposure and extrinsic skin aging,J. Investig. Dermatol. 2010;130:2719-2726.

WonJoon Koh, Sundong Lee, and JeongHoon Ahn, "The Possibility of Managing Diseases Caused by Particulate Matter(PM10) with Chinese and Korean Medicines - Emphasis on Medical Prevention and Treatment -," 대한예방한의학회지, vol. 22, no. 1, pp. 69-80, Apr. 2018.

http://news.sina.com.cn/o/2018-01-16/doc-ifyqqciz7898784.shtml

https://hfdyjyxx.com/html/tongzhigonggao/2020/0419/850.html-合肥市东元家园小学

https://www.who.int/en/

Kaufman, A.S., & Kaufman, N.L. (1983). Kaufman AssessmentBattery for Children. Circle Pines, MN: AmericanGuidance Service.

박현진, "피아제(Piaget) 이론의 음악교육적 조망." 국내석사학위논문 동아대학교 교육대학원, 1995, 부산

정명진, "문장 암기를 통한 영어 능력 향상 방안 연구." 국내석사학위논문 공주대학교 교육대학원, 2004, 충청남도

김소연, "반복학습의 기간차이가 학업성취도와 수학학습태도에 미치는 영향." 국내석사학위논문 국민대학교 교육대학원, 2010. 서울

김수인(Kim Soo-in), and 김효정(Kim Hyo-jung), "게임기반학습에 기초한 디자인 수업이 중학교 1학년의 학습 몰입도에 미치는 영향 - 마인크래프트 활용을 중심으로 -." 미술교육연구논총 64.- (2021): 37-71.

김수인, "게임기반학습에 기초한 디자인 수업이 중학교 1학년의 학습 몰입도에 미치는 영향." 국내석사학위논문 이화여자대학교 교육대학원, 2021, 서울

H. S. Yoon, "한국 교육용 기능성 게임의 역사와 발전 방향 고찰," 한국게임학회 논문지, vol. 20, no. 4, pp. 101-110, Aug. 2020.

김현숙, (2005), 에듀게임에서의 대화형(interactive) 캐릭터의 효율성 연구 초등학교 저학년 수리교육을 중심으로. 애니메이션연구, 1(2), 49-64.

정형원, "교육용 게임을 위한 게임 요소의 분석 및 연구", 상명대학교 석사학위 논문, 2004.

차갑부, "평생교육의 이해", 학지사, 2004.

한국게임산업개발원, "교육용 게임시장 분석 및 개발전략. 서울: 정일, 2003
황지영, "에듀테인먼트 기반 PC 게임의 캐릭터분석에 관한 연구 - 국내 제작 사례를 중심으로", 경희대학교 교육대학원 석사학위논문, 2004.
대만- 儿童认知风格去向之多媒体数位学习内容设计
BECTa (2002). Young People and ICT 2002. ICT in Schools Research andEvaluation Series. 12. 1-43.
Papastergiou, M. (2009). Digital Game-Based Learning in high school ComputerScience education: Impact on educational effectiveness and studentmotivation, Computers & Education, 52(1), 1-12.
37) Beale, I. L., Kato, P. M., Marin-Bowling, V. M., Guthrie, N., & Cole, S. W. (2007).Improvement in cancer-related knowledge following use of a psychoeducationalvideo game for adolescents and young adults with cancer. J Adolesc Health.41(3). 263-270.
http://edu.chosun.com/site/data/html_dir/2017/12/20/2017122000872.html-조선에듀
https://zhuanlan.zhihu.com/p/133965490-어쌔신 크리드 오디세이

허설화许雪花

상해공정기술대학교국제창의디자인학원(International Institute of Creative Design, Shanghai University of Engineering Science) 시각전달디자인학과에서 강사로 재직 중입니다. 게임 디자인 및 관련 분야의 교육과 연구에 헌신하고 있으며 이론과 실습을 결합하여 학생들의 창의성과 비판적 사고 능력을 함양하는 데 중점을 두고 있습니다.
笔者现任上海工程技术大学国际创意设计学院视觉传达设计系讲师，从事游戏设计及相关领域的教学与研究工作，致力于将理论与实践相结合，着重培养学生的创造力与批判性思维能力。

게임의 반복학습을 통한 미세먼지 예방 인지도 향상에 대한 연구
基于重复学习理论的游戏对预防雾霾认知度提升效果研究

초판 1쇄 인쇄 2025년 11월 17일
초판 1쇄 발행 2025년 11월 27일

지은이 허설화许雪花
펴낸이 이대현

편집 이태곤 권분옥 임애정 강윤경
디자인 안혜진 최선주 김다운 | **마케팅** 박태훈
펴낸곳 도서출판 역락 | **등록** 1999년 4월 19일 제303-2002-000014호
주소 서울시 서초구 동광로46길 6-6 문창빌딩 2층 (우06589)
전화 02-3409-2060(편집부), 2058(영업부) | **팩스** 02-3409-2059
전자우편 youkrack@hanmail.net | **홈페이지** www.youkrackbooks.com

ISBN 979-11-7396-415-2 93370

책값은 뒤표지에 있습니다.
파본은 구입처에서 교환해 드립니다.